基于劳动价值论的资源配置研究

孙多友　著

郑州大学出版社

图书在版编目(CIP)数据

基于劳动价值论的资源配置研究 / 孙多友著. -- 郑州：郑州大学
出版社，2023.12(2024.6重印)
ISBN 978-7-5645-9988-1

Ⅰ. ①基… Ⅱ. ①孙… Ⅲ. ①资源配置-研究-中国 Ⅳ. ①F124.5

中国国家版本馆 CIP 数据核字(2023)第 202907 号

基于劳动价值论的资源配置研究
JIYU LAODONG JIAZHILUN DE ZIYUAN PEIZHI YANJIU

策划编辑	李勇军		封面设计	孙文恒
责任编辑	孙精精		版式设计	苏永生
责任校对	王晓鸽		责任监制	李瑞卿

出版发行	郑州大学出版社		地 址	郑州市大学路 40 号(450052)
出 版 人	孙保营		网 址	http://www.zzup.cn
经 销	全国新华书店		发行电话	0371-66966070
印 刷	廊坊市印艺阁数字科技有限公司			
开 本	710 mm×1 010 mm 1 / 16			
印 张	13		字 数	169 千字
版 次	2023 年 12 月第 1 版		印 次	2024 年 6 月第 2 次印刷

书 号	ISBN 978-7-5645-9988-1		定 价	58.00 元

本书如有印装质量问题,请与本社联系调换。

前　言

价值论作为经济学理论的基石,不论是西方主流经济学还是马克思主义经济学都绕不开,同时,经济学的任务又要求从资源配置角度研究价值问题。在劳动价值论的基础之上,研究价值与资源配置的关系,特别是研究马克思主义经济学的基本原则与西方经济学的科学方法实施及其有效对接,是当前经济学理论研究的重要课题。

社会必要劳动时间决定价值量,这是马克思主义经济学价值论的常识,但是对于哪些因素及如何决定商品价值量问题,则是需要马克思主义学者分析的问题。目前学术界达成的普遍共识是决定价值量的社会必要劳动时间包含两层含义,第一种含义的社会必要劳动时间是指部门平均劳动时间,它决定单位商品的价值量;第二种含义的社会必要劳动时间是全部门在"当时社会平均生产条件下生产市场上这种商品的社会必需总量所必要的劳动时间"。实质上,这里的"社会平均生产条件"就是供给条件,"社会必需总量"是需求条件,由此得出价值是由供求关系决定的。接下来的问题是,如果供求决定价值,是不是否定了劳动价值论? 如果就劳动量本身如何决定,即单位商品平均劳动消耗量在不同生产者中的决定,则取决于供求,由供、求曲线交点决定,否则价值量无法决定,供求均衡了,价值量就确定了,所以,价值量必须且只能由供求决定。这并没有否定劳动价值论,价值量的来源还是劳动。

在资源配置上,世界目前正处于历史性的大动荡阶段。全球南方崛起,尤其是中国的崛起,将改变世界体系中各个地区之间的空间等级和依赖关系,并重新配置全球资源结构。

基于此,本课题以马克思主义劳动价值论为基础,并同时借鉴了西方经济学的研究方法,对资源在技术进步条件下的配置方式进行了详细的研究。首先从两种必要劳动时间决定单位商品价值量入手,建立了价值价格方程,再与价值形成方程联立,得出了单位劳动价值量的决定模型,并以此模型讨论资源配置及效率的高低。在单位商品价值量表达式中,单位商品价值量由该商品的均衡价格与全部价格总量之比再乘以劳动总量得到。它既体现了商品的价值是由劳动创造的,即劳动价值论,又反映了价值是在市场上实现的。单位劳动价值量是由单位商品价值量与单位商品劳动量之比得到的,这里的"单位商品劳动量"是实际投入的劳动量,即商品价值的形成量、私人劳动量,因此单位劳动价值量又可表示为单位商品价值实现量与单位商品价值形成量之比,并以此标准作为判断部门或企业效率高低的指标。当单位商品价值实现量大于单位商品价值形成量,表示该部门生产效率高于社会平均生产效率;当单位商品价值实现量小于单位商品价值形成量,意味着该部门生产效率低于社会平均生产效率;当单位商品价值实现量等于单位商品价值形成量,表示该部门生产效率与社会平均生产效率一致。由于生产效率是反映资源配置优劣的标准,故可以利用单位劳动价值量的大小判断一个部门或企业资源配置的效率,或者两大部类配置效率,也就是优先增长问题。

在此理论的基础上,本著讨论了单位劳动价值量与部门或产业利润率之间的关系。研究发现,单位劳动价值量和利润率之间是同方向变化关系。由于利润率主要是从价格角度来反映资源配置的,属于价格体系,利润率的高低决定着资本流动方向;而单位劳动价值量是从价值角度出发,属于价值体系,它是从价值角度决定资本流动趋势的。因此,利润率高低决定的资源流动是单位劳动价值量决定的资源流动的表现形式,单位劳动价值量决定的资本流动是利润率高低决定的资源流动的价值基础,类似于价格与价值,两者之间是现象和本质的关系。另外,我们在研究中也发现反映资源配置效率的指标中,单位劳动价值量比平均利润率更加具有优势:当达到利润平均化后其单位劳动价值量不一定相等,仍然会出现资本流动。换句话来说,就是当利润实现平均化后,资源不一定达到最优配置,但是单位劳动价值量相等,资源一定达到最优配置。也就是说,利润率是必要条件,而单位劳动价值量是充要条件。对于均衡状态,我们利用里昂惕夫投入—产出分析法来表示一种商品与其他所有商品之间的数量关系。

2023 年 11 月

目　录

第一章

引　言

一、选题意义

（一）理论意义

一是再生产理论在马克思主义经济学中的重要地位。马克思再生产理论是马克思三大理论（劳动价值论、剩余价值论和再生产理论）之一，其在《资本论》中的位置举足轻重，被西方经济学家称为经济增长理论的起源。再生产理论中又包括三大命题：再生产条件命题、两部类积累率关系命题和两部类增长关系命题。

二是基于马克思再生产理论在学术界争议的一种解释。学术界对于再生产理论的争议的主要观点有：再生产条件是基于利润平均化后生产价格下再生产还是在平均化前价值基础上的再生产争论；积累率和实现率之间的关系——积累率是否等于实现率，冯金华（2011）提出满足积累率等于实现率的平衡交换积累率的概念；两大部类增长关系的争议在于是否存在第Ⅰ部类优先增长问题。马克思利用图表法得出在技术条件不变（有机构成不变）的情况下，实现了

第 I 部类和第 II 部类等比例增长;列宁提出在技术进步条件下第 I 部类优先增长。实际上,我们可以把上面三个观点归结为一个问题,那就是在再生产条件下,如何满足资源最优配置,以使有限资源得以最优使用,以实现经济社会可持续发展;或者说,既满足扩大再生产,又实现每种资源获得最大程度的利用,经济获得最优增长。

三是对以往学者的研究的系统整理。理论界对马克思再生产理论的研究,归纳起来主要有两点:第一,马克思主义经济学是如何进行资源配置以实现最优效率问题的研究及与西方经济学对资源配置最优效率研究之间的关系;第二,由于西方经济学对资源配置理论研究缺乏价值基础,如何利用马克思主义经济学来弥补西方经济学的不足之处。在实践上,研究也存在两点:一是如何把如此抽象的再生产理论与现实意义的再生产平衡模型结合,为再生产应用于现实架起一座桥梁;二是如何从价值角度优化产业结构和促进产业结构升级,促使经济获得持续快速增长。为此,本研究假定:不同商品之间的交换按照价值量相等的原则,一国经济的价值总量等于劳动总量。在此条件下,基于两重必要劳动时间决定的单位价值量与价格之间的关系,推出由价格和价值共同决定的单位劳动价值量,以此参数为标准,研究不同部类的生产效率及影响效率的因素,这些影响因素在静态和动态条件下如何相互作用致使资源在两大部类之间流动,最终达到一个资源配置最优的均衡状态。

四是资源最优配置与产业结构和经济增长的关系。西方经济学包括马克思主义经济学一直以来都是坚持利润率是引起资本流动的关键驱动力,日本经济学家置盐信雄指出,利润率是从价格角度来分析的,属于价格体系。而马克思主义经济学的本源就是寻找价格背后的价值基础,利润率决定的资源流动背后的价值基础是什么呢？目前很少有学者涉足该问题，或者认为理所当然。但是该问题的确又很重要，此问题的解决，一方面是对劳动价值论的维护，特别是对那些攻击劳动价值论的西方部分学者，如对认为劳动价值论是"歪理学说""不必要的迂回"等有力的回击；另一方面也证明了马克思主义经济学与西方经济学之间并没有不可逾越的鸿沟，两者之间是可以融会贯通的。

实际上，我们并不缺乏马克思经济学家与西方经济学者的争论，但是由于在我们马克思主义学者内部存在不同观点的纷争，且本身缺乏对马克思劳动价值理论完整、系统的研究，致使对西方经济学者的回击缺乏有效性。

（二）实践意义

一是经济结构与产业结构之间不协调。目前我国经济处于中高速增长的新阶段，要保持经济持续的增长需要通过调整经济结构来实现。当前出现的经济结构和产业结构不合理，主要源于资本配置不合理。党的十八大以后，习近平总书记提出经济新常态包括供给侧结构性改革，目的是纠正在过去相当长的时期内偏重于经济数量增长和追求地区或部门短期利益等增长方式，而忽略了作为实践中对经济长期增长制约的短板因素，如缺乏对生态环境的保护、不合理利用资源从而导致经济增长不可持续性。在新常态下，如何保障资源公平、公正、合理流动和引导资源向未来有很大潜力的高新产业发展，以促进经济发展的同时，社会秩序也得到有效的改善，是我们面临的最大实践问题。

二是存在企业全要素生产率过低现状。对于微观领域，如部门或产业生产效率如何、社会产品结构是否与大众的需求相吻合等，本研究在理论与实证中试图回答以上问题。同样，对于目前我们出现的过去经济高速增长带来的负面影响，表现为多个传统行业总量和结构性过剩的粗放增长模式，以及"增长速度换挡期、结构调整阵痛期和刺激政策消化期"（白让让，2016）的三期叠加阶段，全要素生产率对经济增长的贡献回落等相关问题都与资源配置相关，这些问题的解决，将对促进经济社会协调发展具有一定的指导意义。另外，对于回答目前实体经济增长乏力的本质原因是什么，社会资源流到泡沫经济中的房地产行业的内部价值基础又是什么，是政府因素还是市场经济规律本质要求，如果是政府因素，应该如何克服，中国未来经济是否会陷入"中等收入陷阱"国家行列等重大问题，本研究也提供了可参考的建议。

二、研究内容

本研究的主要内容是从静态和动态两个角度，研究关于资源部类内部及部类间流动以实现最优效率的价值基础及资源优化配置与产业结构和经济增长之间的相互依赖关系。

马克思将整个社会总产品按物质构成分为生产资料和消费资料，其中生产资料为第Ⅰ部类，消费资料为第Ⅱ部类；按价值构成分为可变资本、不变资本和剩余价值。而决定社会总产品的价值总量的大小是由投入社会的社会必要劳动时间决定的。在一国之内没有国际贸易的条件下，社会总产品的价值总量等于投入的社会劳动总量；如果考虑到国际贸易，则社会总产品的价值总量应该等于社会劳动总量与净价值之和。

根据马克思的劳动价值论，价值的决定取决于社会必要劳动时间。劳动时间可以分为自然劳动时间和社会劳动时间，而社会必要劳动时间是自然劳动时间和社会劳动时间共同决定的。自然劳动时间形成商品的价值量，社会劳动时间决定总劳动时间的分配，两者结合的社会必要劳动时间实现商品的价值量。

在假定不同商品之间交换按照价值量相等原则及一国经济的价值总量等于劳动总量的基础上,利用两重必要劳动时间决定的价值量得出单位商品价值量:

$$\lambda_i^* = \frac{p_i}{\sum_{i=1}^{n} p_i q_i} L$$

上式中,λ_i^* 表示第 $i(i=1,2,\cdots,n)$ 种产品单位商品价值量;L 表示整个经济的劳动总量(包括活劳动和物化劳动);p_i 表示第 i 种产品的价格(这里我们看作生产价格);q_i 表示第 i 种商品的产量。

单位商品劳动量指某一行业实践投入和消耗的劳动量和产量的比值,表达式为

$$\varepsilon_i = \frac{L_i}{q_i}$$

其含义是生产一单位商品所耗费的实际劳动量。单位劳动价值量是单位商品价值量和单位商品劳动量的比值。换句话说,是每一单位私人劳动所创造或形成的社会必要劳动量。用公式表示为

$$\mu_i = \frac{\lambda_i^*}{\varepsilon_i} = \frac{\lambda_i^*}{L_i / q_i} = \frac{\lambda_i^* q_i}{L_i}$$

将单位商品价值量 λ_i^* 代入并整理,得

$$\mu_i = \frac{p_i q_i / L_i}{\sum_{i=1}^{n} p_i q_i / L}$$

上式中,等号右边的分子表示行业 i 的劳动的平均收益,分母表示整个社会的全部平均收益,其比率反映该部门或企业生产效率的高低。如果 i 部门的生

产效率高于社会平均生产效率,则比值大于1;如果两者生产效率相同,则比值为1;当部门 i 的生产效率低于社会平均生产效率时,则比值小于1。不仅任意一个行业的单位劳动价值量的绝对数值可以用来说明这个行业相对于整个社会的生产效率,而且任意两个不同行业的单位劳动价值量的相对大小,也可以用来说明这两个行业在商品生产上效率的相对高低。然后通过动态分析影响单位商品价值量和产量及其劳动的因素如何导致资源从一个部类流入另一个部类,分析平衡条件和扩大再生产条件的一致性。同样,在资源配置上,分析影响资源配置效率的因素及错误配置导致失衡在包括发达国家和中国等发展中国家的实际经验总结。

三、研究思路、方法、创新点

(一)研究思路、方法

本研究假定条件是技术进步时时刻刻都在发生,是动态变化的过程,且向前发展,没有完成时,尽管有可能在某个阶段出现曲折,但无法阻止科学技术的车轮滚滚向前。基于这个前提,本研究的思路是在归纳和评述国内外对再生产理论研究的基础上,以劳动价值论及一般均衡为前提,以两重必要劳动时间决定的单位商品价值量为基础,提出当发生技术变化时决定资源流动方向的动因或者说价值基础:单位劳动价值量。进而研究影响单位劳动价值量的因素,单位劳动价值量与用价格指标衡量的部门利润率之间的关系,再以这些因素为目标,研究它们如何导致资源在部类间流动,从而实现最优配置。最后,结合中国实践,从历史辩证角度来讨论资源配置与产业结构和经济增长之间的相互协调关系,并为我国产业政策和经济持续增长提供相关建议。

具体表现在静态条件下决定资本流动的价值基础是单位劳动价值量,讨论其与利润率之间的关系;在技术进步的前提下,完全竞争条件下资源按照单位劳动价值量的大小在部门之间或者部门内部流动,流动遵循的原则是:价格角度上表现为利润率的大小,价值角度上表现为单位劳动价值量的大小;决定价值量变化规律的是商品的价值技术弹性。这个规律解释了资本按照利润率的高低在部门流动背后的价值基础,利润率的高低的价值基础就是单位劳动价值量的大小,利润率高,单位劳动价值量大,利润率低,单位劳动价值量小;同样可以解释关于两大部类增长关系情况。资源流动配置对产业结构的形成和优化及经济增长都有重大的理论和现实意义。本研究的内容和思路如图1-1所示:

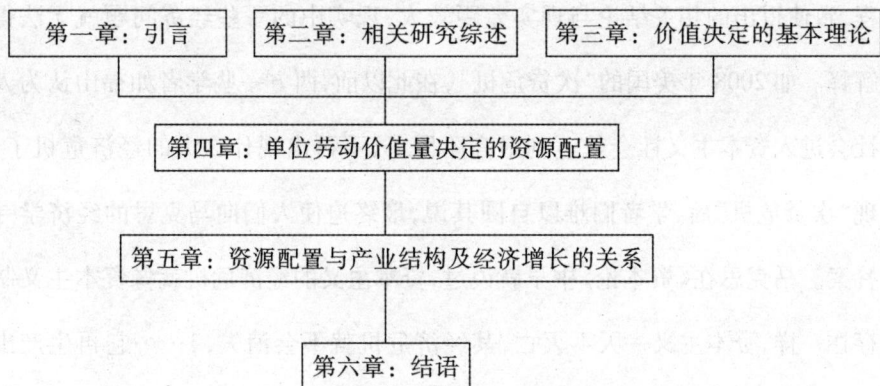

```
┌──────────────┐ ┌──────────────────┐ ┌──────────────────────┐
│ 第一章:引言 │ │ 第二章:相关研究综述 │ │ 第三章:价值决定的基本理论 │
└──────────────┘ └──────────────────┘ └──────────────────────┘
        └──────────────────┬──────────────────────┘
        ┌───────────────────────────────────────┐
        │ 第四章:单位劳动价值量决定的资源配置      │
        └───────────────────────────────────────┘
                            │
        ┌───────────────────────────────────────┐
        │ 第五章:资源配置与产业结构及经济增长的关系  │
        └───────────────────────────────────────┘
                            │
                ┌──────────────────┐
                │ 第六章:结语      │
                └──────────────────┘
```

图1-1 本书的研究内容和思路

本书的研究方法主要采用以下几种:一是规范分析和实证分析相结合。对于马克思的再生产理论,在研究各个部门之间的关系时,需要通过平衡交换积累率、平衡增长积累率、平衡积累率以及两种必要劳动时间等变量,并对这些变量进行梳理和整合,使其符合马克思历史和逻辑统一性。对于任意商品的单位价值量,利用形成价值的第一种社会必要劳动时间和实现价值的第二种社会必要劳动时间共同决定单位产品价值的方法,建立社会必要劳动时间决定的价值量和价格之间的关系。实质上,影响单位价值量的价格指的是均衡价格,也是由技术因素决定的,最终两重劳动决定的价值归结为技术因素,这也是对萨缪尔森认为劳动价值论是不必要的迂回谬误的回应,同时也纠正了一部分学者对承认第二种社会必要劳动时间就是陷入主观需求论的曲解。

二是历史与逻辑分析相结合。西方经济学对经济现象和规律的研究一般都是对表象的静态研究,以价格作为研究的起点和终点,得出企业、部门、国家甚至全球的关于经济的形而上学的关系,脱离实物的本质和动态的历史的发展进程,致使得出的相关结论与现实差距较大,现实中的一些经济问题就无法得到解释。如2008年美国的"次贷危机",在此以前,西方一些学者如福山认为人类社会进入资本主义社会就达到最高阶段了,不再出现什么大的经济危机了,出现"次贷危机"后,学者们难以自圆其说,最终迫使人们向马克思的经济学寻找答案。马克思在《资本论》中早就说过,资本主义的经济危机就像资本主义制度存在一样,资本主义一天不灭亡,其经济危机就不会消失,"……它再生产出了一种新的金融贵族,一种新的寄生虫,——发起人、创业人和徒有其名的董事;并在创立公司、发行股票和进行股票交易方面再生产出了一整套投机和欺诈活动。这是一种没有私人财产控制的私人生产"。可以看出,西方经济学由于缺乏从实体经济到虚拟经济的历史研究,无法深入理解信用的历史进程,从而在金融危机面前束手无策。这就要求表象推理必须与历史相结合,这样才能理解经济发展的一般规律,否则,不管你的结论是如何完美,都将失去经济学未来的科学含义。

(二)研究创新点

马克思主义数理化在我国发展起步较晚,对于马克思再生产理论,余永定第一个利用数学工具对两大部类之间的关系进行推导,后来周方、吴栋、冯金华、张忠任和朱殊洋等为马克思再生产理论的数理化发展亦做出了巨大贡献,丰富和创新了马克思再生产理论。但是,以劳动价值论为基础,借用数学工具来研究两大部类之间资源配置效率的问题,这方面的研究目前还很少。

本研究创新点主要体现在以下方面:一是在静态条件下,单位劳动价值量决定的生产效率高低是利润率决定生产效率大小的价值基础,单位劳动价值量可以用来比较不同部类、部门、企业生产效率的高低,从而决定资源流动方向;二是在一般均衡后,由于技术进步引起的单位劳动价值量的变化,单位劳动价值量的变化趋势取决于商品的价值技术弹性,商品的价值技术弹性等同于商品的需求价格弹性。当所有商品的价值技术弹性决定的单位劳动价值量为 1 时,达到最优;两大部类平均价值技术弹性都为 1 时,实现两大部类最优配置形式,此时形成两大部类增长比例,就是满足该种情况下的增长关系。

四、研究的可行性及不足

(一)研究的可行性

一是前期对理论的深入研究。前期研究发现单位劳动价值量与均衡价格、价值之间存在联系,这为本书的研究提供了理论基础。我们利用单位劳动价值量反映的产业结构优化与西方经济学中反映要素投入结构和产出结构耦合程度的指标即产业结构偏离度有异曲同工之美。西方经济学的产业结构偏离度可表示为

$$E = \sum_{i=1}^{n} \left| \frac{y_i / l_i}{y / l} - 1 \right|$$

其中，E 表示产业结构偏离度，y 表示产值，l 表示就业，i 表示产业，n 表示产业部门数。由于分子和分母均表示生产率，当均衡时，E 等于 0，这也为我们提出的理论得以实证检验提供了合理性的案例。

生产效率是市场经济追求的核心目标，要使市场上各种不同产品的供给量等于整个社会对该种产品的需求量，就要在最优效率下支出一定量的社会劳动量。资源配置不合理问题是经济管理中的常见问题。经济增长、社会发展依赖于资源支撑，缺乏价值基础的资源配置乱象的社会政策，导致经济的扭曲发展，同时也受市场化的冲击。本著结合西方经济学利用可观察的变量及其决定基础的价值变量来研究生产效率及其配置，符合马克思基本思想，是可行的。

二是具备后期研究的资源保证。作为一名高校教师，除了教学就是科研，在教学之余有充实的时间进行科研活动。另外，学院也为科研提供了大量的硬件和软件支持。总之，不论在问题研究上还是在相关条件上都具有充足的条件完成相关研究。

(二) 不足之处

首先，本书的价值决定理论还处在初步发展阶段，理论框架有待于进一步发展和完善，相对苛刻的成立条件及相关研究领域有待于进一步拓展和丰富。

其次，本书研究的是一国之内的再生产，并且是社会价值总量等于一国国内社会劳动总量，没有加入国际贸易。随着经济全球化，国与国之间的贸易壁垒越来越少,追逐利润最大化的资本将逐渐摆脱一国之内的限制,不断地在海外市场寻求利润空间。而仅仅研究一国之内的再生产,使我们得出的结论与现实有一定的差距。

利用单位劳动价值量决定的产业结构配置也可以通过实证来加以检验,这也是笔者下一步需要进一步推进的地方,本研究还存在经验研究不足的缺陷。

第二章

马克思再生产理论与资源配置相关研究综述

第一节　马克思再生产理论相关综述

马克思再生产理论雏形存在于马克思在 1857—1858 年写的经济学手稿《资本的再生产和积累》。其中在论述社会资本再生产问题时,将社会总产品分为生产资料部分和消费资料部分。马克思通过一个剩余价值的实现案例来说明。假设有五个资本家,其中前两个资本家是原料供给者,第三个资本家是机器供给者,第四个资本家生产剩余产品,最后一个资本家为工人生产生活资料,这里实质上已经把社会生产分为生产部门(前三个资本家)和消费资料生产部门(后两个资本家),并进一步把消费资料细分为工人生活资料和资本家生活资料。这也是马克思第一次利用实物补偿和价值补偿阐述社会再生产问题。

马克思再生产理论是在不断对前人的批判中形成的。如马克思通过对亚当·斯密的"工资、利润、地租"(后来被萨伊称为"三位一体")的批判,提出产品的价值由不变资本、可变资本和剩余价值三部分组成的客观价值论,彻底否定了斯密产品的价值由工资、利润、地租组成的主观价值论。同样,马克思在批判亚当·斯密《收入和资本的交换》中创造性地提出社会总产品生活资料的 A 部类和生产资料的 B 部类的分类(后来把 B 部类命名为第 I 部类,A 部类命名为第 II 部类),并且明确两部类都是由不变资本、可变资本和剩余价值构成。而要使社会再生产进行下去,必须完成"三大交换":A 部类内部可变资本和剩余价值部分的消费是收入和收入之间的交换;B 部类不生产生活资料,而该部类工人和资本家需要消费生活资料才能生存。于是,A 部类一部分可变资本代表不变资本以可变资本形式存在的与 B 部类一部分不变资本代表可变资本以不变资本形式存在的相交换,即 A 部类资本和 B 部类收入之间完成第二种交换;B 部类中代表自身的不变部分通过本身的再生产来实现,从而实现第三种交换。通过"三大交换"实现社会总产品的物质实现和价值补偿。

马克思再生产理论的完善存在于马克思对李嘉图剩余价值理论的批判中。通过对李嘉图的批判提出了社会规模的扩大再生产,并强调技术进步对扩大再生产的重大意义,"把剩余价值当作资本使用……剩余价值所以能转化为资本,只是因为剩余产品(它的价值就是剩余价值)已经包含了新资本的物质组成部分"。

马克思扩大再生产有两大理论前提:其一是资本对利润的疯狂追求,即资本追求利润最大化;其二是社会劳动生产率的提高。马克思认为,尽管随着劳动生产率的提高产品价值会下降,但是同时商品的产品量也会增加;如果产品量增加引起的总价值的增加量大于产品价值量下降引起的总价值的减少量,则剩余价值就会增加。关于技术进步,马克思指出,生产率的提高或科技进步是推动社会发展的动力。

从历史的角度来看,尽管在工业革命以前科技进步非常慢,但是它会产生"累积增长定律"(很低的年增长率如果持续相当长的时期,会导致巨大的不同),我们也可以称之为技术累积定律。皮凯蒂指出,没有科学技术的持续进步,欧洲工业革命的产生是不可能的。本著的核心观点就是建立在技术进步下单位劳动价值量的变化而导致的资本流动,这些流动对产业结构的演变和经济增长都将产生巨大的影响。在某种意义上,本著的所有结论都是依据技术累积得出的。

一、国内外对马克思再生产理论的研究

(一)国外对马克思再生产理论的研究

马克思在 1868 年致路德维希·库格曼的信中第一次提出了按一定比例分配社会劳动的客观必然性。后来,马克思以两大部类之间相互交换满足的条件为起点,研究了两大部类增长的客观必然性。

国外对马克思再生产的研究可以分为对马克思再生产问题本身的研究和对马克思再生产与西方经济增长理论的比较研究。

对于马克思再生产问题本身的研究有两个分支,一个分支是直接对再生产两大部类增长比例关系的研究,另一个分支是从两大部类与经济增长的关系来研究。

第一个分支主要存在于苏联等一些社会主义国家和西方马克思主义学者中间。列宁(1893)在《论所谓市场问题》中首次提出,"在资本主义社会中,生产资料的生产比消费资料的生产增长得更快",自此开始有了生产资料优先增长的提法。斯大林(1952)在《苏联社会主义经济问题》中提到,在扩大再生产

的条件下,生产资料优先生产增长。1953年,斯大林又指出:首先,由于生产资料生产为国民经济各个部门提供机器,就要求它优先增长;其次,它也是扩大再生产的充分条件。

第二个分支的相关研究文献比较多,主要可以分为两个方面,其一是再生产积累率与经济增长的关系。

苏联马克思主义经济学家费里德曼(1928)是第一个以马克思再生产为基础建立经济增长数学模型的经济学家,他在《论国民收入增长速度的理论》一文中从马克思社会资本再生产两个基本前提出发,论证了国民收入增长速度等于相应资本的增长速度和运用资本的效率之和。

日本学者森岛通夫(1973)从静态和动态两个方面来研究马克思再生产。他认为静态模型是简单再生产,而动态模型是扩大再生产,然后从静态简单再生产入手,来研究动态的扩大再生产。森岛通夫还发现两大部类的积累率具有某种特殊性,主要表现在以下几个方面:①生产生产资料的资本家把他们的剩余价值按固定的有机构成进行积累;②积累部门重新加入生产资料生产部门,按照固定的有机构成比例分为不变资本和可变资本;③生产消费资料的资本家以满足两大部类资本家和劳动者消费需求为标准进行资源配置。这样尽管能够满足消费品的供需平衡,但是两大部类间均衡利润率出现了矛盾,于是森岛通夫对马克思的再生产条件作了修改:两大部类资本家储蓄率相同;生产资料部类和消费资料部类均衡利润率也相等。作了这两点修改后,森岛通夫最后得出结论:在扩大再生产中,两大部类内部和两大部类之间有机构成都不相同,按照马克思把剩余价值的一半作为积累,即积累率相同,则其增长率肯定不同。且两大部类之间增长率的差距越来越大,因此其平衡增长是"刀锋式"瞬间平衡,不稳定的情况才是常态。森岛通夫对再生产研究的两点修改使其研究更加接近现实,并且也是以积累率、有机构成和增长率等为研究对象;但是其关于增长是发散的且平衡增长不稳定的结论是武断的,忽略了本身设定的苛刻经济条件。其实,如果放松这些假设,我们会得出其他有意义的结论,甚至与原结论相反。

其二是对两大部类与经济增长关系问题的研究。

英国牛津大学研究员埃尔提斯(1998)指出马克思再生产理论中有哈罗德-多马公式中关于需求的储蓄率(s)、经济增长率(g)和资本产出率(c)之间的关系,并且生产生产资料的部类和生产消费资料的部类的资本生产效率是一样的(相对于哈罗德的资本产出率);马克思的数字图例推出的经济增长百分之十,按照哈罗德"$g=s/c$"也可以推出相同的结果,当然马克思并没有像哈罗德那样清晰地给出它们之间的关系;凯恩斯的学生罗宾逊夫人(1960)认为,马克思《资本论(第二卷)》中扩大再生产模型为我们提供了一个研究储蓄和投资问题以及研究生产资料生产和消费独立的理论。

后来的经济学家探索再生产理论更多用它来处理凯恩斯没有完成的工作。哈罗德和多马发掘出这个问题并以此作为研究的理论基础,为后来者的研究在方法论上指出方向。

在均衡增长方面,英国经济思想家评论认为马克思再生产理论可以和哈罗德的均衡理论相提并论,二者在有保障增长率上有惊人的相同之处——不仅增长率形同,而且均衡都是不稳定的。日本学者森岛通夫是从再生产理论对经济增长的动态增长理论贡献角度来讨论马克思再生产理论的:"现代经济增长最早原因应来自马克思的再生产理论,他既有静态的简单再生产,也有动态的扩大再生产,而动态增长理论最完美、发展最成熟的当属冯·纽曼的理论,我们惊奇地发现,冯·纽曼的许多新颖的思想在马克思著作中已经得到清楚的说明,这绝不是巧合。"

另外,在马克思所研究的成果中,再生产理论是唯一不受劳动价值论影响就可以成立的理论,后来部分学者也把冯·纽曼的理论称为马克思-冯·纽曼一般动态均衡理论。因此,不论是西方学者还是马克思主义学者都应该承认"动态一般均衡理论核心思想来源于马克思再生产理论"(庄宗明,1986)。

从以上学者的研究可以看出,苏联等一些社会主义国家学者与西方学者研究的基础不同,两者是从两个不同的角度进行分析的。前者主要从价值角度,按照马克思《资本论》的思路来研究,用的量纲是价值,注重意识形态方面;后者主要从价格角度分析马克思再生产,借用西方经济学的消费和供给函数,使用的量纲是价格,注重马克思经济学对西方经济学发展的贡献方面。前者认为第Ⅰ部类优先增长很大部分是由于政治的需要,而后者的推理建立在供需上的主观供求论,这基本否定了劳动价值论。更重要的是,西方资本主义学者包括苏联马克思主义学者对马克思再生产理论不论是价值变量还是价格变量都忽视了效率的研究,也没有发现影响两大部类资源配置效率变量对两大部类发展的制约。

(二)国内对马克思再生产理论的研究

国内马克思主义学者对再生产问题的研究主要分为三个阶段:第一阶段是20世纪50年代末60年代初;第二阶段是20世纪70年代末80年代初,第三阶段是进入20世纪90年代后,并且"现在对之讨论仍然很热烈"(马艳、严金强,2009)。

国内研究基本可以综合为两大观点：一种观点认为，随着技术的进步，马克思再生产理论表现为生产资料优先增长规律。其理由是技术进步导致不变资本相对于可变资本比例的升高（资本有机构成的提高），需要第Ⅰ部类增长快于第Ⅱ部类，即第Ⅰ部类优先增长。代表此种观点的学者有：罗季荣(1954)、丁肖迻(1956)、何祚庥(1957)、诺特金(1964)、孙冶方(1979)、周方(1984)、余永定(1985)、贾凤和(1990)、吴栋(1990)和余斌(2015)等。另一种观点对第Ⅰ部类优先增长持反对意见，主要代表学者有朱家桢(1979)、鲁济典(1979)、刘恩钊(1980)、鲁从明(1980)、王绍顺(1982)、李定中(1985)、刘臣(1986)等。从以上分类可以看出，对于每个观点三个阶段都存在讨论。下面将这三个阶段中学者的两种观点加以综述。

1. 对生产资料优先增长持赞成意见

罗季荣(1954)把生产资料优先增长作为马克思再生产理论的基本原理之一。他指出，生产资料优先增长是积累、有机构成和劳动生产率提高的必然结果，由积累形成的有机构成和劳动生产率的提高、生产资料的较快增长，是一切社会经济形态技术革命阶段扩大再生产的普遍特征，并利用数字图例给以解释。罗季荣在这里把结果作为条件来分析是对必要条件与充分条件的误用：积累、有机构成提高等导致生产资料优先增长，但是生产资料优先增长并不一定会增加积累和提高效率。当然，罗季荣的观点代表了国内学者对马克思再生产理论讨论在第一阶段和第二阶段的研究进度：延续马克思利用特殊数字图例解释方法和用文字叙述马克思著作中的一些只言片语来证明自己的观点，但是他们无法提供合乎逻辑的论证。

第二阶段由于发生了"文化大革命"，致使研究过程一度中断。因此，相对于第一阶段,第二阶段的研究并没有取得有影响力的成果。

进入第三阶段后,研究者们对两大部类优先增长问题的研究方法较前两个阶段都有很大的进步,更加注重逻辑性。余永定(1985)采用数学模型来代替再生产图示的数字模型,利用积累的动态形式,推导出在社会总资本的有机构成不断提高的前提下,第Ⅰ部类的增长速度必须快于第Ⅱ部类。吴栋(1990)认为,在没有技术进步的条件下,整个社会生产从简单再生产到扩大再生产,其转变以生产资料优先增长为前提条件,因为第Ⅱ部类生产的全部产品都是消费资料,不能作为生产资料直接投入生产部门中去,也就无法扩大第Ⅰ部类生产规模,显然无法扩大再生产;尽管第Ⅱ部类可以扩大规模,但是不能实现与第Ⅰ部类的交换。在技术进步条件下,由于有机构成的提高,则在积累部分中用于不变资本的比例逐渐增大,用于可变资本的比例逐渐减少,这也验证了第Ⅰ部类优先增长的事实。然后利用数理模型推导出在技术进步、有机构成不断提高的情况下,当满足扩大再生产的条件时两大部类积累率、有机构成、剩余价值率的关系,验证了生产资料优先增长的结论。余斌(2015)指出,生产资料优先增长不仅发生在技术进步的条件下,即使没有技术进步,生产资料也优先增长。生产资料优先增长是事实,而不仅仅是理论。余斌在文章中还强调在按比例配置资源平衡生产的问题上,要"更好发挥政府作用"。

2. 对生产资料优先增长持反对意见

朱家桢(1979)认为,所谓生产资料优先增长是扩大再生产的结论,是建立在如两大部类积累率不变、两大部类追加的不变资本都在一年内消费掉、不考虑活劳动在扩大再生产中以极重要的作用以及资本的有机构成计算方法等假设和推理上。由于这些假设和推理不科学或者不够科学,它们当然都是不靠谱的,实现扩大再生产正确的方法是从消费资料生产,即优先发展消费资料开始的。

王绍顺(1982)认为不存在生产资料优先增长是扩大再生产的普遍规律,他认为:①马克思、列宁没有提出生产资料优先增长是扩大再生产的基本规律;②实践证明,生产资料优先增长不是扩大再生产的普遍规律(主要是对美、英、日、德和苏等国家的统计数字);③只根据技术进步来推导生产资料优先增长过于简单化。

吴涌汶(1980)认为,在技术进步条件下,资本有机构成提高可以有很多种方式。"假如我们把生产资料生产优先增长的现象作为一个普遍性规律,它就应该适合于资本有机构成提高的不同方式,否则,它就不是一个普遍性规律,因而也就不成为规律。"通过假定资本有机构成按指数规律提高和按固定比例提高两种情况分析,吴涌汶发现结论不满足生产资料生产优先增长这个规律,从而认为其优先增长就不是规律。朱家桢指出,列宁之所以得出生产资料优先增长的结论,是由于列宁认为扩大再生产图例中技术进步对生产资料生产起决定性作用,但是正是在扩大再生产图例中存在既定的物质条件的差异存而不论:马克思在讨论再生产时列举的案例证明两大部类的有机构成存在差异,第一部类4:1,而第二部类2:1;两大部类积累率存在差异,第Ⅰ部类50%,第Ⅱ部类第二年8%,第三年7%,第四年4.6%,而且是越来越小,由于资金的积累和先进技术的应用都集中在第Ⅰ部类,就不难看出第Ⅰ部类的增长速度越来越快。

纵观国内学者研究的发展进程,我们发现,其进步性主要表现在对两大部类研究方法的改进上。特别是进入第三阶段后,研究方法更加注重逻辑性,并且借用数学工具来研究马克思主义经济学。从余永定开始,一直到周方、吴栋等学者在马克思再生产数学推理上更加严谨,并且现在马克思主义经济学创新方法上已普遍使用数学工具。不足之处是,这些学者一直都是在再生产理论两个极端上争论,非此即彼,就事论事,有时甚至脱离了马克思的劳动价值论,没有从资本的本质决定的商品属性本身来研究某一部类增长的必然性,无论是支持生产资料优先增长还是反对生产资料优先增长,都无法给出逻辑上的自洽。如吴栋认为不论技术进步与否,只要扩大再生产,第Ⅰ部类必优先增长于第Ⅱ部类。但是,我们在吴栋教授的证明中却发现其设定了种种苛刻的条件,在严格条件下得出的结论必然会很牵强,缺乏一般性。余斌研究员更是为了说明生产资料优先增长把马克思的观点都否定了(马克思在没有技术进步的条件下两部类同比例增长)。同样,持反对观点的朱家桢认为由于第Ⅰ部类优先增长推理是错误的,所以就武断地判断第Ⅱ部类优先增长的逻辑也缺乏说服力。

我们的疑问是:两大部类之间的增长关系并非不是第Ⅰ部类优先增长就是第Ⅱ部类?会不会出现第三种情况?某一部类优先增长的客观价值基础是什么?

进入21世纪后,学者们开始在更宽松的条件下研究再生产理论,在恰当、充分地考虑到再生产条件下及在价值转型后一般均衡的前提下,同时借助西方经济学理性"经济人"假设和生产函数的相关概念,利用导数和微积分来论证马克思再生产理论,他们在推理中发现,两者之间的关系并不像前期所研究的非此即彼。

如朱殊洋(2009)推导出瞬时生产资料优先增长规律是存在的,再生产均衡稳定时两大部类是平衡增长的,因而稳态生产资料优先增长是不存在的,并且在经济起飞时生产资料优先增长确实存在,在经济成熟期则是平衡增长。

马艳、严金强（2009）认为，如果将劳动主观条件加入马克思再生产模型中，会得出第 I 部类增长快于第 II 部类、第 II 部类增长快于第 I 部类和两大部类同步增长三种情况。

以上结论都证明了我们的猜测，但是这又使论证走向两极：一种是完全的价格体系表面现象的研究，一种是完全的价值体系本质研究。如果考虑利润平均化并且不脱离价值本质，则在技术进步条件下（资本有机构成不断提高），会出现两大部类增长关系的三种组合：第 I 部类优先增长、第 II 部类优先增长和两大部类平衡增长（冯金华，2011）。我们将价值和价格结合起来，在静态条件下利用商品的单位劳动价值量和动态下的产品价值技术弹性决定资源流动规律以确定资源在两大部类的配置比例。价值技术弹性是商品的一种属性，它受一些可观察的经济变量影响，随着经济社会的发展而变化，某一部类增长的快慢取决于该部类商品是缺乏价值技术弹性还是富有价值技术弹性抑或单位价值技术弹性，非主观认定那一部类优先增长，否则只会影响资源最优效率，从而破坏经济健康增长。

二、关于把马克思再生产理论经验化的投入—产出模型研究

马克思再生产理论的科学性已经被经济学界承认。学者普遍认为，在马克思提出的所有经济理论中，再生产理论争议是最小的。从前面的文献梳理可以看出，前人的研究主要是理论上的分析，很少涉及经验性的验证，对日常生活中的经济现象无法给出有说服力的解释，但是马克思主义在西方引起广泛的讨论，要感谢西方学者在这一进路上对马克思主义经济学发展所做出的贡献。

第一个从事该问题研究的是美国经济学家里昂惕夫，他提出了投入—产出

分析法,该方法是在解决魁奈的经济表和瓦尔拉斯一般均衡理论问题上提出的,是在一般均衡条件下对不同社会产品之间的联系的静态分析。该方法的提出为我们把马克思再生产理论和现实结合铺砌了一条道路。里昂惕夫在1953年与他人合作出版的《美国经济结构的研究:投入—产出分析中理论和经验的探索》一书,详细解释了投入—产出分析法的概念及其编制方法,解释了它在经济运行现实化的理论基础。投入产出法是在编制反映各部门之间产品量交换情况的基础上,确定一组线性方程,每个方程代表在一般均衡条件下某种产品投入和产出的数量关系,这种关系也是资源配置最优化时产品之间的相互依存的关系。其体系形式如下:

$$a_{11} X_1 + a_{12} X_2 + \cdots + a_{1n} X_n + Y_1 = X_1$$

$$a_{21} X_1 + a_{22} X_2 + \cdots + a_{2n} X_n + Y_2 = X_2$$

$$\cdots\cdots$$

$$a_{n1} X_1 + a_{n2} X_2 + \cdots + a_{nn} X_n + Y_n = X_n$$

其中,X_i 代表第 i 部门的单位产出量,a_{ij} 代表生产一单位的第 j 商品所消耗的第 i 商品的数量,即投入—产出系数,Y_i 代表对第 i 商品的最终需求($i, j = 1, 2, \cdots, n$)。将上式改写可得:

$$\sum_{i,j=1}^{n} a_{ij} X_j + Y_i = X_i$$

也可以用矩阵表示为 $AX + Y = X$。

由于该种表达方式比较抽象,不容易理解,于是又给出图表形式,即投入—产出分析表(见表2-1)。

表2-1　里昂惕夫投入—产出分析表

		中间产品				最终产品	总产出
		1	2	…	n		
中间投入	1	X_{11}	X_{12}	…	X_{1n}	Y_1	X_1
	2	X_{21}	X_{22}	…	X_{2n}	Y_2	X_2
	⋮	⋮	⋮		⋮	⋮	⋮
	n	X_{n1}	X_{n2}	…	X_{nn}	Y_n	X_n
增加值		F_1	F_2	…	F_n		
总收入		X_1	X_2	…	X_n		

该表可以清晰地反映投入和产出之间的数量和价值关系。

自从里昂惕夫提出著名的投入—产出分析法后,一些经济学者纷纷采用此种方法重新研究马克思再生产理论,并且取得了很大的成果,萨缪尔森就是比较著名的一位,他在1957年发表了《工资与利息:马克思主义经济模式的现代解析》一文,将马克思的两大部类简单再生产模型进行修改(见表2-2)。

表2-2　萨缪尔森修正的投入—产出分析表

生产部门3		I	II	最终产品	总产出	
I		$p_1 K_1$	$p_1 K_2$	0	$\sum$	
II		0	0		$\sum^*$	
价值增值	工资	$w L_1$	$w L_2$	$p_2 Y^*$		
	利息	$r(w L_1 + p_1 K_1)$	$r(w L_2 + p_1 K_2)$		$\sum$ $\sum$	$\sum^*$
总投入		$\sum$	$\sum^*$	$\sum^*$	$\sum \sum$	

其中，K_1 表示生产生产资料的生产资料数量，K_2 表示生产消费资料的生产资料数量，Y^* 表示最终消费资料的数量，p_1 和 p_2 分别表示生产资料和消费资料的生产价格，L_1 和 L_2 表示生产生产资料和生产消费资料的劳动量，w 和 r 分别表示工资率和利息率，则 $p_1 K_1$，$w L_1$，$r(w L_1 + p_1 K_1)$ 就分别相当于第 I 部类的不变资本、可变资本和剩余价值，同样 $p_1 K_2$，$w L_2$，$r(w L_2 + p_1 K_2)$ 就分别是第 II 部类的不变资本、可变资本和剩余价值。

萨缪尔森利用投入—产出分析表来直接分析马克思的再生产理论，从而把该理论从宏观经济管理迈向实践应用推进了一大步。但是，萨缪尔森的分析与马克思再生产理论原意存在很大出入：萨缪尔森只是对马克思简单再生产进行研究，其投入—产出分析表无法反映扩大再生产；萨缪尔森的投入—产出分析表没有将资本家的消费体现出来，把剩余价值全部用于积累；特别是萨缪尔森的最终需求将所有工人个人的消费用于扩大再生产中积累资本和初始的可变资本，这严重违背了马克思再生产理论本意（冯金华，2009）。

国内也有部分学者试着完善投入—产出模型。张玉璞（1986）在里昂惕夫的投入—产出分析法和马克思再生产图式的基础上，借助投入产出的合理内核，得出马克思再生产理论图式的改造，使马克思再生产理论投入—产出模型更趋完善（见表2-3）。

表2-3　马克思再生产理论—里昂惕夫投入—产出分析表

			中间产品					最终产品										合计
			生产资料 C					消费资料 V					积累资料 M					
			农	轻	重	其他	合计	农	轻	重	其他	合计	农	轻	重	其他	合计	
中间价值	中间耗费价值	农	C_{11}	C_{12}	C_{13}	C_{1n}	C_1											C_1
		轻	C_{21}	C_{22}	C_{23}	C_{2n}	C_2											C_2
		重	C_{31}	C_{32}	C_{33}	C_{3n}	C_3											C_3
		其他	C_{n1}	C_{n2}	C_{n3}	C_{nn}	C_n											C_n
		合计	I					IV					VII					C
新创造价值	劳动报酬 V	农						V_{11}	V_{12}	V_{13}	V_{1n}	V_1						V_1
		轻						V_{21}	V_{22}	V_{23}	V_{2n}	V_2						V_2
		重						V_{31}	V_{32}	V_{33}	V_{3n}	V_3						V_3
		其他						V_{n1}	V_{n2}	V_{n3}	V_{nn}	V_n						V_n
		合计	II					V					VIII					V
	纯收入 M	农											M_{11}	M_{12}	M_{13}	M_{1n}	M_1	M_1
		轻											M_{21}	M_{22}	M_{23}	M_{2n}	M_2	M_2
		重											M_{31}	M_{32}	M_{33}	M_{3n}	M_3	M_3
		其他											M_{n1}	M_{n2}	M_{n3}	M_{nn}	M_n	M_n
		合计	III					VI					IX					M
合计			C_1	C_2	C_3	C_n	C	V_1	V_2	V_3	V_n	V	M_1	M_2	M_3	M_n	M	

从表2-3中可以看出,生产部门包括农业、轻工业、重工业和其他生产部门,表格水平栏表示产出,包括中间产品和最终产品,最终产品又分为消费部分和积累部分;竖直栏表示产出,包括中间价值和新创造价值,同样新创造的价值又包括劳动报酬和纯收入。这样,该表"三横"和"三纵"共九象限,每象限包括四个部门。该表的特色是把马克思再生产理论较好地表现在投入—产出分析

表中,特别是将消费资料的生产和消费体现出来了。但是,该表不足的地方是仍然没有把资本家消费部分体现出来,资本家仍然没有消费。

杨斌林(2000)认为,投入—产出分析表在解释马克思再生产理论时把马克思货币回流规律抛弃了,在投入—产出分析表中再也看不到货币回流了,从而失去和马克思再生产的联系,为此,他提出了再生产平衡表。再生产平衡表弥补了投入—产出分析表中没有扩大再生产及周期循环等不足,其设计也体现了双向比例、三面平衡、逐年循环,保证积累、速度、比例、效益协调一致。如双向比例中 c 与 $(v+m/x)$ 比例关系与两大部类之间的关系是相互制约的;为了与现实结合更完美,还加入了财政、商业、外贸、银行等。尽管杨斌林反复强调再生产平衡表与里昂惕夫的投入—产出分析表不同,并且强调自己的再生产平衡表来自魁奈的经济表和马克思再生产理论,但是再生产平衡表仍然脱不掉投入—产出分析表的痕迹,只不过在此基础上有所改进。另外,尽管再生产平衡表不满足马克思扩大再生产条件,但是目前研究静态均衡时各种产品之间的关系,投入—产出分析法仍然是最好的一种方法。

第二节 资源流动及资源配置相关文献研究

一、马克思主义经济学对资源流动的研究

马克思在讨论平均利润率如何形成的过程和机制中,详细研究了资本的流动规律。马克思假定整个社会在完全竞争的条件下,这时资本将会从利润率低的部门流向利润率高的部门,资本的这种流动是持续不断的,直到各个部门利润率相同,这是资本主义制度的特征决定的。

马克思在研究中发现,在假定生产者被剥削的程度不变的条件下,在生产部门中所使用的资本的周转时间可能存在差异;或者生产者生产技术条件不同,从而造成在同一时间段利润率在不同部门之间形成差距,于是出现了资本从利润率高的部门向利润率低的部门流动的现实。马克思并没有仅仅满足于这个结论,他提出下一步继续研究的工作。由于前面得出的结论都是假定商品按照它的价值出售的,这与上面得出的利润率流动的结论不符,即"对不同产业部门来说,平均利润率的差别实际上并不存在,而且也不可能存在,除非把资本主义生产的整个体系摧毁"。马克思指出解决理论和现实的矛盾唯一的途径是"竞争"。通过"竞争",即资本的自由流动,平均利润率得以形成,商品的价值也就转为生产价格,前面出现的与现实矛盾的问题就解决了。

我们这里所指的竞争,包括两个方面的竞争,表现在部门内部竞争和部门之间竞争。部门内部竞争也就是马克思的第一种含义的社会必要劳动时间,使

同种商品的不同个别价值形成一个在同类商品中相同的市场价值或市场价格；部门之间竞争,即马克思的第二种含义的社会必要劳动时间,实现不同部门之间的利润率平均化的生产价格。

马克思通过五个部门的案例来分析部门内和部门间竞争是怎样形成和实现价值(或生产价格)的。当生产价格实现时,等量资本获得了等量利润。这里需要注意的是,在资本流动过程中,还需要满足一定的前提条件,平均利润率才能够形成。资本主义社会要求生产方式随着技术进步获得更高的发展,社会才能获得更加充分的竞争。当然,马克思指出,这些条件发生在资本主义生产方式比较成熟的阶段。

马克思同时还指出,平均利润率形成后是一个不稳定的均衡,它受市场供求等因素的影响而不断调整。马克思实际上是为了说明利润平均化后整个经济系统并没有达到一般均衡,还不是最优状态,还需要继续调整。西方经济学利用边际收益等于边际成本作为均衡的前提条件。由于整个社会经济是相互联系相互协调的,因此马克思在讨论了生产资本后又加入商人资本,这使讨论的问题更加复杂,也更接近于现实。马克思指出:在科学分析的进程中,一般利润率的形成,是从生产资本和它们之间的竞争出发的,后来由于商人资本参加进来才得到校正、补充和修正。商人资本的加入对于价值的决定具有重要的历史意义,它使价值的创造和实现结合起来。在加入商人资本后,马克思认为,尽管商人资本参与平均利润率的形成而不直接创造价值和剩余价值,但对剩余价值的实现节约了大量的时间,从而可以节约很多流通费用,其间接增加了剩余价值。其作用与生产资本一样必不可少,这就要求商人资本和生产资本一样,获得等量的利润,否则剩余价值就无法实现或者实现时间很长。而商人资本获得利润的途径是通过商人资本家以低于商品价值的价格从生产资本家那里购买商品,再按商品的生产价格在市场上出售。

我们可以看出,当商人资本加入后,一般利润率将从生产资本的利润中做出一定的扣除,也就意味着从剩余价值中扣除一部分属于商人资本的剩余价值。

从以上讨论可以看出,一般利润率的形成,首先发生在生产资本与生产资本之间,当社会产品生产出来进入销售阶段时,商人资本进入了。商人资本利润的实现建立在不断对生产资本利润修正的基础上,而要实现对生产资本利润的不断修正,需要一个不受约束的市场,即完全竞争市场才可以实现资本的自由流动。相对于生产资本,商人资本更加具有优势,商人资本最容易改变它的职能,因为商人资本的存在形式主要是货币形式,没有再交易和折旧的成本。

马克思总结指出,社会总资本只有分成生产资本和商人资本才能保证社会总产品的实现,从而获得实物补偿和价值补偿。并且这两部分在每一时刻是并存的。现在问题是如何对总资本进行配置,使其满足社会再生产需要,或者说有多少资本用于分配生产资本,多少资本用于分配商人资本。对此,马克思的分析过程说明了决定分配量多少的原则是两种资本的最终利润率要相等,否则就会出现资本的流动。当商人资本比生产资本带来更高的平均利润时,将会有一部分生产资本向商人资本方向流动;如果商人资本带来的利润低于生产资本,就会出现商人资本向生产资本流动。实际上,如果资本的数量非常大,生产资本和商人资本利润率相等时,两种商品的边际利润也应该是相同的,此时,实现的资本配置也是资源的最佳配置时两种资本的比例。这也论证了西方新古典经济学家提出的边际效益决定的资源最优配置,马克思经济学早就给出了答案。

二、马克思主义经济学对资源配置相关理论研究

在西方经济学中,资源配置总是同微观的理性"经济人"假定前提相提并论。在理性"经济人"假设下,对不同资源进行最合理的组合,以使这种资源组合在所有组合中效率最高,从而获得最大收益。"经济人"的理性行为在市场中表现为"看不见的手",这个"看不见的手"在完全竞争条件下就是价格决定的边际利益,边际收益高说明资源配置有效,边际收益低说明资源配置低效或者无效。

这种只利用短期资本主观边际效益并完全依靠市场价格来配置的方法,在学界颇受争议,争议的主要焦点是影响主体地位方面。

姜明君、綦良群(2011)认为,资源优化组合是一项长期的、动态的系统工程,涉及方方面面的主体,除了企业本身外,还包括市场和政府。从企业本身主体来研究,企业良好运作需要建立科学的生产运营管理模式,将各种生产要素进行合理的调配和管控,使企业在生产效率最大或者生产效率增长率最大的生产要素组合下运行,同时也有利于企业实时进行技术创新,以使企业在创新和生产效率方面形成良性循环。就市场而言,必须充分发挥市场在资源配置过程中的基础性作用,消除阻碍生产要素自由流动的因素。就政府来说,政府主要体现在制度的制定、执行和不断完善上,为资源提供一个公平、公正、公开的竞争环境,转变服务职能,尽好"守夜人"的职责,打破"既做裁判又做运动员"的不公平现象。

陆松福(2007)特别强调政府的功能,他认为,政府由于拥有丰富的社会资源而应该或者更能够在资源配置过程中发挥更加积极的作用。对于那些引领

资源高度化配置的新兴产业给以政策支持、资金引导、税费减免、土地出让等，引导资源流向比较效益更高的部门或产业。

资源配置问题相关文献中有关于资源配置主体之间相互协调性方面的研究，其中，金家厚（2013）认为，目前中国出现很多社会矛盾及社会乱象，其主要原因是整个社会资源配置出现了问题，导致不公平的既成事实。当前政府深化改革必须在制度上消除既得利益集团以自己为主体，缺乏政府市场相互制约的因素，以免彼此之间缺乏一种相对平衡的张力关系而使任意一方走向极端。

方竹兰（2013）认为，我国存在严重的政府取代市场主体进行资源配置的现象，并且目前还有强化的趋势，产生的原因是政府缺乏从民众基本权利结构方面约束自己，政府监督失灵，最终必将对社会主义市场经济产生很大的破坏力。

杨承训、承谕（2014）以社会主义国家为研究对象，创造性地提出了资源配置的"新三元机制"，即从"两只手"结合向"政府主导（方向）、市场主配（微观资源配置）、科技主引（预测和引领）、各司其职、形成合力"的三元机制（又称为"两手一脑"），使得资源配置与宏观调控少出失误，少走弯路，少生波动，少致浪费，实现"活力"和"有序"辩证统一的理想状态。

以上两种情况的研究是从资源配置的环境方面来讨论的。从以上研究可以看出，不论是完全市场还是完全政府配置，都存在很大片面性，无法实现资源按其价值规律实现最优配置。

在资源配置与产业结构问题上，李昌宇（1994）就两者之间的关系进行了深入的研究。他认为合理的资源配置有利于产业结构的优化，同时良好的产业结构也不断调整资源的配置效率，实质流向生产效率高的部门，两者之间是相辅相成的关系。在产业之间资源配置问题上，李昌宇从动态和静态两个角度进行研究,并且以中国为例,从发展史的角度详细分析了中国经济发展各时期各阶段的资源配置情况,比较了我国改革开放前和改革开放后产业结构和资源配置变化的特点。

李建伟(1999)在博士论文《资本配置与经济增长》中从资源配置对经济增长制约角度进行了研究。在这篇论文中,李建伟首先从理论上分析了社会总资源的配置对经济增长的影响,以厘清两者之间的先后关系:如何配置促进或抑制经济增长。然后具体分析了我国资源配置的发展历程,指出,在改革开放以前,我国由于受苏联及当时国际环境的影响,在资源配置过程中偏重第二产业的重工业而忽视第一产业和第三产业的投资,从而抑制了经济的持续稳定增长;改革开放后,我国坚持以市场为主的配置方式,逐渐扭转了这种状况,从而实现经济的持续、平稳、高速增长。

从资源配置与产业结构及其经济增长关系来看,李建伟认为社会资源配置是否合理,对一个国家经济的发展起决定性影响。合理的资源配置能够有效提高产业集聚的运行效率,使得产业与产业之间、产业与企业之间的联系越来越密集,分工越来越细致,上游企业与下游企业相互结合,形成一种柔性生产综合体,扩大了规模效应,提高了在区域或者国际上的核心竞争力。同时,核心竞争力的形成,有利于在区域树立品牌效应,提高该区域的知名度,为招商引资和资本集聚提供有利条件。资源配置在客观上也要求资本流入部门不断地进行制度创新,以适应资源趋利性出现的投机现象给资源优化配置机制带来的挑战。

尽管上面文献研究资源配置是建立在西方经济学中资本稀缺性前提下,以边际分析为基础,分析资源配置效率对产业结构和经济增长的影响,以及配置主体不清导致的资源配置扭曲,但是,这些对马克思主义经济学研究资源配置同样具有重大的参考价值。不过以上文献主要是从静态方面分析,如把资源配置扭曲作为已存在的现象,通过对该种现象弊端的描述,指出达到最优配置对资源的要求,这样,又从一种静态分析进入另一种静态分析,没有研究在资源配置过程中,资源是如何流动的,如何随着历史的发展而动态流动,其流动背后的动因价值是如何决定的。另外,对马克思再生产两大部类之间的资源流动理论问题目前国内外研究的文献很少涉及。

马克思关于资源配置动态变化是基于社会分工和专业化大发展,即劳动生产率的变化。马克思指出,建立在一定社会生产关系下的社会生产活动是人类从事生产活动的基础,按照生产力对生产关系的决定作用,随着生产力的发展,生产关系也获得发展,生产关系的变化表现为社会分工和专业化水平不断提高,社会发展到一定阶段后,社会生产逐渐成为社会化大生产。在这个发展过程中,社会上每个部门从事生产活动,既依赖别的部门的产品来满足自己的需要,又要生产出自己的产品满足其他部门需要。这就要求我们对社会总劳动对不同部门进行分配,分配标准是社会对商品的需求。因此马克思说道:要想得到和各种的需要相适应的产品量,就要付出各种不同的和一定数量的社会总劳动量。这说明,在社会化生产条件下,社会上各个经济部门只有根据社会分工,按比例分配社会生产要素,使社会生产结构与需要结构相适应,才能使社会经济平衡发展。

马克思在《资本论》中提出了资源配置的三种方式:第一种是"鲁滨孙生产方式"的直接配置资源,此种配置发生在欧洲中世纪;第二种是与完全竞争条件下商品经济相适应的市场经济配置方式;第三种是在社会产品极其丰富条件下的自由联合体的产品经济相互协调的计划配置方式。

马克思经济学对资源优化配置是以劳动价值论为基础、以利润平均化来实现的。首先,根据劳动价值论,社会投入的总劳动量等于产品的总价值量,每种类型商品的总价值量的大小就是把总劳动按照社会需求情况进行分配。其次,把总劳动在不同产品上的分配实质上就是价值的实现,商品价值是否实现,实现的大小也就是配置效率的大小。如果实现各部门按比例分配,则根据等价交换原则,商品的价值量通过市场交换得以完全实现。最后,商品的内在价值尺度——第二种含义的社会必要劳动时间,客观地解决了商品费用与效用的社会评价和衡量,从费用和效用统一的角度揭示了价值决定的资源有效配置的意义[①]。

本章内容主要是对与本书相关的文献进行梳理。

马克思给出了两大部类再生产的条件:在简单再生产时,第Ⅰ部类表现为可变资本的资本与表现为剩余价值的资本之和必须等于第Ⅱ部类表现为不变资本的资本;在扩大再生产时,第Ⅰ部类的可变资本与剩余价值之和既要满足第Ⅱ部类的不变资本与新增不变资本,还要满足第Ⅰ部类的新增不变资本。对于两大部类增长比例问题,马克思没有提到,后来的马克思主义学者根据马克思的图例得出,在技术水平不变的条件下两大部类同比例增长。对于技术进步下,两大部类如何增长,学者争论比较多。后人在宽松条件或者更加严格的条件下得出不同的结论,里昂惕夫利用投入产出函数验证在静态均衡条件下两大部类的数量关系。但是,不论是马克思还是里昂惕夫,他们研究的部类增长都

---

① 参周小亮:《市场配置资源的制度修正——引入制度变量下对新古典价格理论的再探讨》,经济科学出版社,1999,第18页。

是投资的增长,并且是在静态条件下进行的。很少有人在技术进步条件下利用资本流动来研究部类增长,本著将在这方面做一尝试。另外前文还分析了前人关于资源配置的相关理论,资源配置问题研究比较多的是西方经济学者,他们的研究都是以均衡价格为基础,利用价格边际效用来研究资源最优配置,很少涉及这种配置背后的价值基础。我们将从价值角度来研究资源的最优配置,并把西方经济学的资源稀缺性与马克思主义经济学的资源流动结合,分析资源配置在静态和动态条件下决定的价值基础,由此决定的资源配置在马克思再生产理论中两大部类之间的比例关系。最后结合中国产业实际及发达国家产业政策,从理论上给出我国产业发展的未来之路。

第三章

价值决定的基本理论

第一节　社会必要劳动时间

一、社会必要劳动时间的提出

在《资本论(第一卷)》中,马克思关于商品价值中说道:"如果把商品的使用价值撇开,商品体就只剩下一个属性,即劳动产品这个属性。……如果我们把劳动产品的使用价值抽去……它们的一切可以感觉到的属性都消失了。……各种劳动不再有什么差别,全部化为相同的人类劳动,……就是价值——商品价值。"

马克思采用严密的科学推理,透过商品的表象特征,创造性地提出了劳动价值论。决定商品交换比例的背后本质原因,不是使用价值即效用,而是无差别的人类劳动,劳动才是决定商品价值的唯一因素。但是,问题是如何去衡量这些无差别的人类劳动呢? 也就是说,怎么去确定商品的价值量(劳动量)的大小呢?

马克思说:"劳动本身的量是用劳动持续时间来计量……可能会有人这样认为,既然商品的价值由生产商品所耗费的劳动量来决定,那么一个人越懒,越不熟练,他的商品就越有价值,因为他制造商品需要花费的时间越多。"在现实中很少会出现这种现象,所以马克思继续指出,"形成价值实体的劳动是……同一的人类劳动力的消耗……只有它具有社会平均劳动力的性质,起着这种社会平均劳动力的作用,从而在商品的生产上只使用平均必要劳动时间和社会必要劳动时间","社会必要劳动时间是在现有的社会正常的生产条件下,在社会平均的劳动熟练程度和劳动强度下制造某种使用价值所需要的劳动时间。"这是马克思对社会必要劳动时间最完整的定义。

对这些观点的梳理可以发现其包含四层含义:首先,马克思指出是在现有的社会里,而不是以前的或者后来的社会,是在变化发展的,这也体现了马克思唯物辩证的观点。其次,是在社会正常的劳动条件下,这排除了特殊的或者个别劳动时间差异的干扰项,不会因为某个部门或者某个行业劳动条件的变化而变化,这也为后来提出的超额价值设下铺垫。再次,强调社会平均熟练程度和劳动强度不能因为某个人或某个部门熟练不熟练或劳动强度大小决定劳动时间的长短,而是社会一般情况下生产大多数商品平均所用的劳动时间。最后,强调的是制造某种有使用价值的商品所使用的时间,这样可以排除制造那些有害品和机械品(价值为零),这里注意是制造"某种"使用价值,含有人类劳动,不论是活劳动还是物化劳动。马克思的社会必要劳动时间提出后,学术界对此有很大的争议。

二、对社会必要劳动时间的争议

马克思在《资本论(第一卷)》中研究商品的价值决定时第一次给出了社会必要劳动时间概念,并且指出,商品的价值量由社会必要劳动时间决定。

对于必要劳动时间的含义,马克思主义学者在研究《资本论》时,出现了不同的理解,即所谓的"两种必要劳动时间问题"。主要存在两种观点:一种观点认为马克思存在两种社会必要劳动时间的定义;一种是在第一卷中给出了社会必要劳动时间概念,也就是政治经济学经典教材上所说的社会必要劳动时间。

但是,马克思写《资本论(第三卷)》时将研究对象转为生产价格和利润问题,以及剩余价值实现问题,于是在马克思主义学者内部出现两种观点,一种观点认为,由于当前商品是按照生产价格出售,而不是第一卷中按照价值出售,这时将面临价值的形成和实现问题,也就是说除了受技术等因素的影响,还受市场影响,这时商品价值既不是由单单第一种含义的社会必要劳动时间决定,也不是仅仅由第二种含义的社会必要劳动时间决定,而是由两种含义的社会必要劳动时间共同决定的。另一种观点认为,"无论从马克思和恩格斯本人的表述来看,或是从劳动价值学说的基本观点来看,均不可能和不应该存在所谓两种含义的社会必要劳动"[①]。

胡寄窗引用恩格斯在德文第一版《哲学的贫困》所写的序言对洛贝尔图的批判,恩格斯指出只要研究具体的劳动形式及其怎样创造价格从而决定和度量价值,就可以发现,社会劳动不同于其他个人劳动,只要是社会劳动,就是必要

---

① 胡寄窗:《社会必要劳动时间不存在两种含义》,《经济研究》1990 年第 3 期。

劳动,而不会是其他性质的劳动。胡寄窗用此来证明原著中根本不存在两种必要劳动时间。其实该句话是存在两种社会必要劳动时间的一个证据,恩格斯说这段话的本意是为了说明尽管存在这两种社会必要劳动时间,但都是以必要劳动作为基础,是为了证明必要劳动时间是价值的源泉。胡寄窗教授继续写道:"既是两种社会必要劳动共同决定产品之价值,就得首先考虑两者如何共同发生作用的问题。……即使两者是在同一过程中出现,它们不可能恒常地各发生50%的作用,于是又产生哪一种必要劳动时间具有较大(或较小)的而又数量明确地决定价值的作用之难题。"也就是说,如果存在两种含义的社会必要劳动时间,劳动价值论是否会陷入"二元论"的困境。

其实,正是因为出现这些问题,马克思才提出了第二种含义的社会必要劳动时间。

冯金华(2015)证明了表示供求关系相对量的均衡价格在价值决定的推理中可以略去,所有任意一种商品的单位价值只取决于经济体系中的消耗系数和广义消耗系数,最终仍然是由生产技术条件即消费系数等客观条件决定的。冯金华同时指出:第二种含义的社会必要劳动时间从供求角度决定社会总劳动在所有不同部门的分配,第一种社会必要劳动时间形成私人价值要转化为社会价值必须在市场上通过交换来实现。此处证明过程的推导步骤将在下一节研究。

对两种社会必要劳动时间存在性持赞成观点的学者又可以分成两派:一派认为两种社会必要劳动时间共同决定价值[姜启渭(1997)、冯金华(2013)];另一种观点认为马克思在《资本论》中的确存在两种含义的社会必要劳动时间,第一种含义的社会必要劳动时间决定商品价值量的形成,第二种含义的社会必要劳动时间在价值形成中只起辅助作用:"在供求关系异常不一致的情况下……

第一种含义的社会必要劳动时间的确定,同第二种含义的社会必要劳动时间的确定,就无直接联系了。"①

其实,马克思的《资本论》是存在两种含义的社会必要劳动时间的。在《资本论(第一卷)》中,马克思提出:"在现有的社会正常的生产条件下,在社会平均的劳动熟练程度和劳动强度下制造某种使用价值所需要的劳动时间。"通常把马克思这个劳动时间称作第一种社会必要劳动时间。马克思后来在《资本论(第三卷)》中给出了一种定义:"由当时社会平均生产条件下生产市场上这种商品的社会必需总量所必要的劳动时间决定。"

我们认为,两种社会必要劳动时间的存在并没有违反马克思的劳动价值论,相反,这正符合马克思主义经济学历史的发展的研究方法,在没有实现利润平均化时第一种含义的社会必要劳动时间就是马克思的社会必要劳动时间;一旦利润平均化后,第一种社会必要劳动时间就无法比较不同商品之间的社会价值,就不能真正实现商品之间的等价交换,于是出现了第二种含义的社会必要劳动时间。这时,第一种社会必要劳动时间形成价值量,第二种实现价值量。

三、两种社会必要劳动时间的界定

两种社会必要劳动时间提出后,它们之间如何界定?它们如何实现对价值形成的影响?

马克思在《资本论(第一卷)》中指出:"一种商品的价值同其他任何一种商品的价值的比例,就是生产前者的必要劳动时间同生产后者的必要劳动时间的

---

① 卫兴华:《价值决定和两种涵义的社会必要劳动时间》,载《卫兴华选集》,山西人民出版社,1988,第 132 页。

比例。"可以看出,第一种含义的社会必要劳动时间是劳动价值量的一种测度,测量在该部门内每一单位产品投入的实际劳动量,此劳动量不是另外一种附加劳动,它与社会必要劳动是同一过程,是不同表示形式的劳动量,体现质和量的统一。我们研究单个商品(这里单个商品是指该类产品的平均商品),这里的必要劳动时间是指生产该类商品的社会必要劳动总量除以该商品总产量所得到的平均劳动时间。这里没有考虑部门之间的竞争,一旦考虑到竞争,当利润平均化后,就有可能出现投入劳动时间和实现劳动时间不一致的情况,出现了价值的转移,这时候就形成了第二种含义的社会必要劳动时间概念。"价值不是由某个生产者个人生产一定量商品或某个商品所必要的劳动时间决定,而是由社会必要的劳动时间,由当时社会平均生产条件下生产市场上这种商品的社会必需总量所必要的劳动时间决定。""可见,只有当全部产品是按必要的比例进行生产时,它们才能卖出去。社会劳动时间可分别用在各个特殊生产领域的份额的这个数量界限,不过是价值规律本身进一步展开的表现,虽然必要劳动时间在这里包含另一种意义。""价值是由当时社会平均条件下生产市场上这种商品的社会必需总量所必要的劳动时间决定。"这就是马克思提出的第二种含义的社会必要劳动时间。

马克思第二种含义的社会必要劳动时间的存在具有客观必然性。《资本论(第三卷)》要研究资本主义生产的总过程:社会总产品的实现和补偿及总资本的积累问题,此时涉及不同部门利润率平均化即利润的分配,也就是说马克思必须把第一卷单个、微观的形式,上升到总体、宏观的层面上,这里就必须与供需相联系。"社会总劳动在各个部门内的分配",分配的标准根据市场对该种商品的需求量。需求量大,则在该部门分配的劳动时间比例就大;反之则小。一且第二种含义的社会必要劳动时间决定价值的实现发生,这时候它将会使生产条件发生改变,此时部门之间的生产也将发生改变,生产力的改变致使剩余价值重新分配,这时候又会改变商品的价值。

结合以上分析可以看出,单位劳动价值量涉及商品的质,而总劳动时间涉及商品的量,表现为质的是第一种含义的社会必要劳动时间,表现为量的是第二种含义的社会必要劳动时间,两种含义的劳动时间共同决定的劳动时间,这个决定是动态的,不断相互调整,以达到质和量统一的一种均衡的价值。

四、两种社会必要劳动时间的关系

两种含义的社会必要劳动时间决定的价值对整个商品交换来说是质和量的统一。既然是质和量,也就有不同之处。

在定义上,第一种含义的社会必要劳动时间是在同种产品内部竞争,是部门内的平均,是同一产品所有生产者之间的竞争。马克思引入英国纺织业使用蒸汽织布机为例,阐释纺织业通过不断的竞争实现缩短社会必要劳动时间;第二种社会必要劳动时间是社会对某种商品需求总量所需要的"社会必要劳动时间",也就是社会总劳动时间按照社会需求分配给该类商品的总劳动时间。体现的是整个社会所有行业、一切生产者和消费者之间的一种竞争关系。

在量上,尽管两种含义的社会必要劳动时间都是一般人类劳动的度量,但是也存在区别,两者之间是总量与个量的关系。第一种含义的社会必要劳动时间体现的是个量,是在部门内生产该种商品平均价值或者生产该种商品绝大部分条件下的价值,没有出现价值转移。第二种含义的社会必要劳动时间体现的是某种商品的总价值量,是社会总劳动量分配给该种商品的劳动量,出现了价值转移。同样,两种含义的社会必要劳动时间尽管发生在同一阶段,属于同种劳动,但是实现的阶段不同:前者发生在整个生产过程中,并且在生产过程中得以形成;后者是在销售阶段,只有产品销售出去后其价值才实现。

尽管两种社会必要劳动时间存在以上不同,但由于是质和量的统一,也不能把它们割裂开来,两者是同时发生、同时结束的,共同决定商品的价值量,否定任何一种含义都会导致商品价值量的不确定性。

我们假设有两家企业 A 和 B,两家都生产麻布,A 家生产 600 码(1 码 = 0.9144 米)麻布需要 500 小时,B 家生产 400 码麻布需要 400 小时。假定整个社会需要麻布 900 码,此时满足供求平衡,第一种含义的社会必要劳动时间为 $t_1 = \frac{500 + 400}{600 + 400} = 0.9$ 小时/码,第二种含义的社会必要劳动时间 $T = 500 + 400 = 900$ 小时。

马克思强调供求平衡是偶然现象,不平衡才是正常现象,现在假设社会对麻布的需要为 1200 码,供给小于需求,产品供不应求,这时第一种含义的社会必要劳动时间仍为 0.9 小时/码,而第二种含义的社会必要劳动时间为 $T = 0.9 \times \frac{1200}{1000} \times 1200 = 1440$ 小时。道理很简单,当一种产品供不应求时,社会分配给该种商品的总时间将会增加,价格提高。

现在假设第三种情况,供过于求,现在社会需要量为 600 码,但社会实际生产仍然是 1000 码,就有 400 码的价值无法实现,这时第一种含义的社会必要劳动时间仍然是 0.9 小时/码,但是第二种含义的社会必要劳动时间 $T = 0.9 \times \frac{600}{1000} \times 600 = 324$ 小时。对于一个社会来说,其对某种产品的需求是有限的,即对分配该种商品的劳动量是有限的,如果需求的劳动总量恰好与投入的劳动总量相同,则投入的价值完全实现;如果投入的劳动总量大于(或小于)需求总量,则就会出现部分劳动量无法实现(或投入劳动量不足),只有通过商品价格下降(提高)来实现平衡,就会出现商品的形成价值和实现价值不一致,"事实上价值规律所影响的不是个别商品或物品,而总是各个特殊的因分工而互相独立的社会生产领域的总产品"①。

---

① 转引自李铁映:《劳动价值论笔记》,人民出版社,2017,第 167 页。

第二节　单位商品价值量的决定

通过前文的分析可以看出,商品的价值取决于劳动时间,《资本论》第一、三卷里通过商品在部门内竞争和部门间竞争把社会必要劳动时间分成两种含义,并且共同决定商品价值。本节将研究单位价值量是如何通过两种社会必要劳动时间决定的,有哪些量决定单位价值量的变化,单位价值量变化趋势如何。这里研究的单位商品价值量是指实现单位价值量。

一、劳动价值论的提出及其发展

300 多年前,英国古典政治经济学创始人威廉·配第最早提出了劳动决定价值的观点(沈民鸣,2014)。他提出:"假如一个人在能够生产一蒲式耳谷物的时间内,将一盎司从秘鲁的银矿采出来的白银运往伦敦来,那么,后者便是前者的自然价格。"[①]这里"自然价格"就是价值(这可以称作朴素的价值理论)。他同时指出劳动是商品价值的源泉,衡量的标准是劳动时间,价值量的大小与劳动生产率有关,对于一种商品,其自然价值的高低,决定于生产自然必需品所需要的人手多少,"谷物的价格,在一个人能生产十人所需的谷物的时候,要比一个人只能生产六个人所需的谷物的时候,来得低廉"。[②]

---

① 威廉·配第:《赋税论》,载《配第经济著作选集》,陈东野译,商务印书馆,1981,第48页。

② 威廉·配第:《赋税论》,载《配第经济著作选集》,陈东野译,商务印书馆,1981,第88页。

　　威廉·配第也同时指出,不仅商品的价值由劳动决定,货币的价值也由劳动决定(这里威廉·配第把货币单独提出来,可以看出他没有把货币当作商品,这也导致了配第不能给出价值的本质特征)。

　　威廉·配第还指出,商品的价值随着生产效率的提高而降低。他是通过一个案例来说明的——在开采白银技术发生变化的条件下,以前开采一盎司白银与现在开采两盎司白银耗费相同的劳动,而生产谷物的技术没有变,以前五先令可以买一蒲式耳谷物,现在需要十先令才能购买一蒲式耳谷物,这说明白银的价值下降了。配第虽然认识到劳动创造价值,并且价值量受劳动时间影响,但是他没有能够区分具体劳动和抽象劳动,显然不可能发现创造价值的抽象劳动,也不可能发现价值量的决定因素,同时也没有界定使用价值和交换价值。如他认为只有生产金银的劳动才创造价值,生产其他商品的劳动只创造使用价值,不创造价值。如果按照配第的观点,两种商品缺乏相等的东西,则仍然无法交换,这又回到了亚里士多德的困惑。

　　西方经济学鼻祖亚当·斯密尽管承认劳动价值论,"劳动才是商品交换的尺度,是第一价格,在量上是购买一切物品的代价……劳动是衡量一切商品交换的真实尺度",但是他又承认土地和资本也创造价值,这相对于配第来说又出现了退步。斯密的重大进步是明确了商品的使用价值和交换价值,同时也把劳动分为简单劳动和复杂劳动:"价值一词有二个不同的意义。它有时表示特定物品的效用,有时又表示由于占有某物而取得的对他种货物的购买力。前者可叫做(作)使用价值,后者可叫做(作)交换价值。"①这可以看作斯密对使用价值

---

　　①　亚当·斯密:《国民财富的性质和原因的研究》(上卷),郭大力、王亚南译,商务印书馆,1972,第25页。

和交换价值的区别。斯密把价格作为商品交换的标准,任意一种商品都可以相互交换,相对于配第认为的只有开采金银劳动才是交换价值的劳动,斯密在这一点上把劳动价值论往前迈了一大步。斯密的缺点是把价值和价格混为一谈,且没有坚持劳动价值论。

大卫·李嘉图是资产阶级古典政治经济学最杰出的代表和集大成者,他继承和发展了斯密经济理论中的科学成分,使资产阶级古典政治经济学达到高峰,被马克思称作古典政治经济学最优秀的代表人物(沈民鸣,2014)。大卫·李嘉图也坚持了劳动价值论,并且继承了斯密的使用价值和交换价值的区分,他在解释斯密对劳动价值论左右摆动时,指出:斯密发现商品销售过程与生产过程不一致的情况,但是斯密又无法给以解释,只得另外树立一种衡量价值的尺度。李嘉图在这里是批判斯密耗费的劳动和购买的劳动共同决定价值,而没有指出斯密出现两种状态下不一致的原因,李嘉图也同样对决定交换价值的"本质"劳动研究比斯密进步巨大,"商品在交换时表现的交换价值与投在其上的劳动成比例;这里所谓的劳动既包括投在它们生产过程中的劳动(活劳动),而且也包括一切为生产该种产品生产所需要的器具和机器上的劳动"[①](物化劳动)。导致李嘉图进入误区的是对劳动和劳动力的混同,他认为,工人向资本家出卖的是劳动,劳动的价值由工资决定,也是由工人必需的生活资料价值决定,生产资料价格随着供求的变化而变化,工资因而也随着供求的变化而改变,则供求的变化决定劳动的供给,自此开启了"劳动供求论",在错误的道路上越走越远。

---

① 亚当·斯密:《国民财富的性质和原因的研究》(上卷),郭大力、王亚南译,商务印书馆,1972,第19页。

马克思在继承前人的基础上,区分了劳动和劳动力之间的关系,坚持劳动是一切商品价值的源泉,从而实现劳动价值论走向科学。

二、单位价值量的形成和实现

马克思在劳动价值论的基础上,从商品交换背后蕴含着的等量关系为起点,指出这个等量关系既不是物理的,也不是化学的或者生物的,那么到底是什么在其背后承载着这种交换的可能性呢?

马克思于是经过层层剥离,最后只剩下抽象的人类劳动的价值,它才是隐藏在商品交换背后的本质决定因素。那么如何衡量其大小呢? 由于衡量人类劳动的大小是劳动时间(这里指在生产过程中所运用的必要劳动时间),劳动时间的长短可以作为价值大小的尺度。但是,似乎在现实中很难验证所谓的花费时间越长、价值越大这一现象,即劳动时间与价值成正比情况,这说明要使劳动时间成为衡量价值的标准,所花费的时间还要被社会承认,只有在交换中才能体现,"价值不是由生产者个人生产一定量商品或某个商品所必要的劳动时间决定,而是由社会必要的劳动时间,由当时社会平均生产条件下生产市场上这种商品的社会必需总量所必要的劳动时间决定"。马克思在这里也暗含两种含义的社会必要劳动时间决定商品的价值量。其中第一种含义的社会必要劳动时间是形成部门内产品的平均单位价值,第二种含义的社会必要劳动时间是根据社会需要把总劳动时间分配给该部门总的劳动时间。

(一)单位商品价值量的形成

一般来说,事物发展到高级阶段基本由两种量决定,如光由波和粒子决定,劳动由抽象劳动和具体劳动决定。商品价值量是马克思从事物中提炼出的本质因素,显然也应该由两种因素决定,我们已经研究了在生产过程中的社会必要劳动时间和在商品交换中按照社会的需要把总劳动时间分配给某种商品的劳动时间。下面先研究单位商品形成的劳动时间即实际投入的劳动时间。

假设社会生产 n 种物品,每种物品的劳动投入为 l_i ($i=1,\cdots,n$),生产的产量为 q_i ($i=1,\cdots,n$),价值量(投入的价值量)为 λ_i ,则

$$\lambda_i = \frac{l_i}{q_i}(i=1,\cdots,n)$$

上式表明影响单位商品形成价值量的主要因素是劳动力的投入和产量,劳动力(l_i)的影响因素有生产成本(c)、该种产品的前期价格(p^{-1})、劳动力人数(n)和其他因素(σ)。一般来说,成本越高,利润越低,从而投入减少,从而,

$$\frac{\partial l_i}{\partial c} < 0$$

劳动力人数越多,投入越大,则

$$\frac{\partial l_i}{\partial n} > 0$$

商品前期价格越高,本期投入越大,则

$$\frac{\partial l_i}{\partial p^{-1}} > 0$$

下面我们分析一下影响产量的因素,马克思认为,影响产量的因素很多,这些因素主要包括工人的平均熟练程度、科学技术水平、生产资料配置的合理性程度、原材料的丰裕程度及自然条件等,用函数表示为 $q_i = q(\delta_1,\delta_2,\cdots,\delta_5)$,其中, δ_1 表示工人的平均熟练程度, δ_2 表示科学技术水平, δ_3 表示生产资料配置

的合理性程度,δ_4 表示原材料的丰裕程度,δ_5 表示自然条件。这些因素的改进都会促使产量的提高,因此有以下情况:

$$\frac{\partial q_i}{\partial \delta_j} > 0 (j = 1,2,3,4,5)$$

接下来分析一下生产成本、前期价格和劳动人口对单位商品价值量形成的影响。[这里借用一下陈昊博士论文(2016)中常量与投入劳动的关系,令 $q_i = \tau l_i$,其中 τ 为常量]

$$\frac{\partial \lambda_i}{\partial c} = \frac{\partial (l_i / q_i)}{\partial c} = \frac{q_i \partial (l_i / \partial c) - l_i \partial (l_i / \partial c)}{q_i^2}$$

$$= \frac{q_i \partial (l_i / \partial c) - \tau l_i \partial (l_i / \partial c)}{q_i^2} = \frac{q_i \partial (l_i / \partial c) - q_i \partial (l_i / \partial c)}{q_i^2} = 0$$

同理可以推出 $\frac{\partial \lambda_i}{\partial n} = 0, \frac{\partial \lambda_i}{\partial p^{-1}} = 0$。

由此我们可以得出结论:生产成本、前期价格和劳动人口只是对投入的劳动有影响,而对于商品价值量的形成没有影响。

对于在生产中投入的劳动时间,即第一种含义的社会必要劳动时间,其价值与投入量成正比,投入越多,商品价值量越大,其价值是产量的增函数。

$$\frac{\partial \lambda_i}{\partial \delta_j} = \frac{\partial \lambda_i}{\partial q_i} \frac{\partial q_i}{\partial \delta_j} > 0$$

(二)单位商品价值量的实现

前面研究单位商品价值量形成是在同种商品中所形成的社会必要劳动时间,是商品生产者生产某种商品投入时间的加权平均。我们在市场上的实际交易很少按照这个交易进行,实际上交易时是由两种含义的社会必要劳动时间共同决定的，首先在商品之间分配，然后在商品内部分配，我们把这个价值叫作单位商品的实现价值。

设 λ_i^* 为单位商品的价值实现量（价值实现量是在市场交易中体现的，商品间交换实质上是通过中间媒介即一般等价物货币的交换），假设货币的单位价值量（一单位货币所代表的价值量）为 λ_g^*，一单位商品 i 所交换的货币数量为 p_i（p_i 实际上就是商品 i 的价格），按照等价交换原则（本书所提出的等价交换中的"价"是指价值量，即按照价值量相等原则交换）我们可以得出公式：

$$\lambda_i^* = p_i \lambda_g^* \tag{1}$$

式（1）左边为任意商品的单位价值量，右边为用货币表示的一单位商品的价值，两者显然相等，两边同时乘以商品 i 的产量 q_i 不影响它们之间的相等关系，即

$$\lambda_i^* q_i = p_i q_i \lambda_g^* \tag{2}$$

式（2）左边表示商品 i 实现的总价值，右边表示商品 i 交换得到的货币总价值，按照等价交换原则，两者显然相等，$p_i q_i$ 代表商品 i 的总价格。

假设整个经济市场中商品总数为 n 种，则所有商品的价值量和与其交换的货币表示的价值量关系为

$$\sum_{i=1}^{n} \lambda_i^* q_i = \sum_{i=1}^{n} p_i q_i \lambda_g^* \tag{3}$$

整理式（3）得

$$\lambda_g^* = \frac{\sum_{i=1}^{n} \lambda_i^* q_i}{\sum_{i=1}^{n} p_i q_i} \tag{4}$$

将式（4）代入式（1），得

$$\lambda_i^* = p_i \frac{\sum_{i=1}^{n} \lambda_i^* q_i}{\sum_{i=1}^{n} p_i q_i} = \frac{p_i}{\sum_{i=1}^{n} p_i q_i} \tag{5}$$

式(5)中，$\sum_{i=1}^{n} \lambda_i^* q_i$ 为社会总价值量，根据劳动价值论，它等于投入的总劳动量，用 L 表示，于是，式(5)又可表示为

$$\lambda_i^* = \frac{p_i}{\sum_{i=1}^{n} p_i q_i} L \tag{6}$$

式(6)就是关于任意一种商品的单位价值量的表达式。将该式两边再乘以商品 i 的产量 q_i，得

$$\lambda_i^* q_i = \frac{p_i q_i}{\sum_{i=1}^{n} p_i q_i} L \tag{7}$$

式(7)就是马克思所说的社会总劳动在不同产品的分配，分配的比例等于该种商品的价格总量与社会总价格的比值(即价值系数)，再乘以总劳动量。

式(6)中的社会总劳动量 L 等于投入不同产品生产的劳动之和等于总劳动量关系可以得出：

$$L = l_1 + \cdots + l_n \tag{8}$$

$$l_n = \lambda_n q_n \tag{9}$$

式(9)中，λ_n 表示单位商品价值形成量，将式(8)和式(9)代入式(6)，得

$$\lambda_i^* = \frac{p_i}{\sum_{i=1}^{n} p_i q_i} (\lambda_1 q_1 + \cdots + \lambda_n q_n) \tag{10}$$

式（10）说明了单位商品的实现价值量是形成价值量的线性组合或者是加权平均。

由于对实现价值的产量和形成价值的产量的影响因素是相同的，主要包括工人的平均熟练程度、科学技术水平、生产资料配置的合理性程度、原材料的丰裕程度和自然条件，故 $q_i = q(\delta_1, \delta_2, \cdots, \delta_5)$（$q_i$ 与上文代表的含义相同），每个指标的改进都会促使产量的提高，因此仍然有以下情况：

$$\frac{\partial q_i}{\partial \delta_j} > 0 \, (j = 1, 2, 3, 4, 5)$$

但是由于实现价值和需求有关系，而需求受购买力的限制，产量越多，其实现价值相对越小，也可以用公式推导如下：

$$\frac{\partial \lambda_i}{\partial \delta_j} = \frac{\partial \left(\dfrac{l_i}{q_i} \right)}{\partial \delta_j} = \frac{q_i \dfrac{\partial l_i}{\partial \delta_j} - l_i \dfrac{\partial q_i}{\partial \delta_j}}{q_i^2}$$

$$= \frac{0 - l_i \dfrac{\partial q_i}{\partial \delta_j}}{q_i^2} = -\frac{l_i \dfrac{\partial q_i}{\partial \delta_j}}{q_i^2} < 0$$

其实，供给与需求、生产费用和效用与生产和消费一样，都是一对矛盾的两个方面，价值决定受这两方面支配，缺少任何一方面都不可能最终实现价值。第一种含义的社会必要劳动时间决定的形成价值量可以看作生产这种产品的生产费用（包括物化劳动和当期的活劳动），表示在不同的价格水平下生产者愿意提供的产品数量，这实质上就是供给曲线（见图3-1）。

单位价值量 I

产量

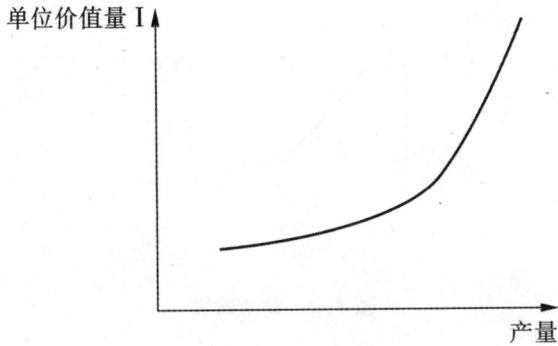

图 3-1　供给曲线

　　曲线向上弯曲,是因为生产一定量的产品投入的劳动(包括当期的活劳动和前期活劳动转化为当期的物化劳动)实质上就是生产这种物品的成本,一方面随着产量的增加,生产的成本也相应增加,另外根据边际成本递增原理,可以推出该曲线是向上方倾斜的。或者可以解释为随着产量的增加,投入的劳动力不断增加,或者随着部门劳动力数量的增加,由外部不经济或者规模收益递减,引起第一种含义的社会必要劳动时间增加。同样,只要社会愿意支付更多的劳动,厂商就愿意增加产量的生产。

　　第二种含义的社会必要劳动时间是根据社会对某种产品的需要而把总劳动时间分配在该种产品上,这种需要也是有支付能力的需要,社会并愿意为此生产某种商品,也就是说社会愿意为生产此种产品分配一定量的劳动,而分配的劳动量恰好用来支付社会所生产的物品。这就相当于需求曲线(见图 3-2)。

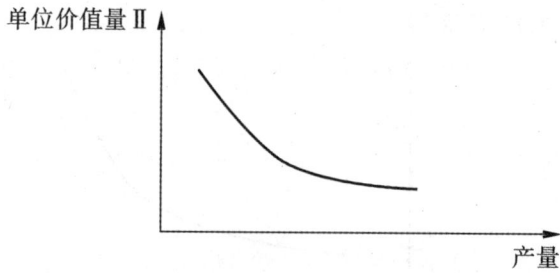

图 3-2　需求曲线

曲线向下弯曲,是因为随着价格的下降,社会对该种产品的需求越来越多,或者随着产品价值量的减少,产品产量逐渐增加。

将图 3-1 和图 3-2 在同一坐标系中画出,如图 3-3 所示:

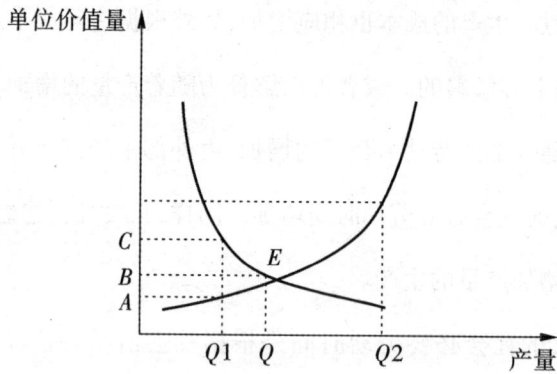

图 3-3　供给曲线和需求曲线

第一种含义的社会必要劳动时间 I 和第二种含义的社会必要劳动时间 II 在同一坐标系如图 3-3,正如我们已经学过的供需曲线,当产量为 Q 时,两种含义的社会必要劳动时间相同,对应坐标系中的 B 点;当产量为 Q_1 时,社会必要劳动时间 I 为 A,社会必要劳动时间 II 为 C,显然形成劳动时间小于实现劳动时间,这就意味着实际投入的劳动量小于社会需要的劳动量,从而供不应求,社会存在一种向上的动力,使市场价格提到高于生产费用水平,因而社会规模不断扩大;当产量为Q_2时,社会必要劳动时间Ⅰ为A,社会必要劳动时间Ⅱ为C,投入的劳动时间大于社会需要的劳动时间,这样就会出现一部分劳动和时间要么无法实现,要么被社会丢弃,从而出现浪费,这时候通过产量的减少来实现形成价值和实现价值差值的减小。实质上,也可以看作两种价值之间的流动,在图像E点是出现均衡,两种含义的价值不发生转移;在E点左边,实现价值大于形成价值,从而实现价值向形成价值移动;E点右边时,正好相反。

(三) 商品价值与生产价格的关系

前面讨论了商品价值量,根据马克思的劳动价值论,商品价值量是由社会必要劳动时间决定的,因此可以利用社会必要劳动时间来计量商品价值量。另外,马克思在《资本论(第三卷)》中指出当整个社会实现利润平均化后,价值就转变为生产价格,这里涉及马克思《资本论》中重大的课题即转形问题,由于该问题一方面到目前为止学术界仍然存在重大争议,另外也不是本书研究的重点,因此我们不去做过多的展开。但是在我们学术界一直存在价值、生产价格和价格之间相互混用的情况,这里简单给以解释。

学术界中把价格和生产价格混为一谈深受迪金森(1956)的影响,他在《评米克〈转形问题的若干考察〉》一文中认为,目前大家一致的观点是用劳动量来测定价值,用货币量来测定价格,而货币量是一种比值,是表示与商品价值的相对数量,因此一些经济学家寻求价格的绝对量是没有必要的,我们只要确定价格的相对量即比例就可以了。① 对于价值和生产价格不一致的现象,在国外一直得到赞同。大岛雄一(1965)曾对迪金森的观点予以高度评价,他认为迪金森的不一致观点是解决问题的正确方式。持此种观点的西方学者比比皆是,他们不时在文章中提及。

我们认为,对价值和生产价格的分析对我们理解劳动价值论具有重大的意义。马克思对生产价格是这样说明的:一个商品的价格,分成两部分,一部分是商品的成本价格,另一部分是生产这个商品所使用的资本(即投入的不变资本和可变资本)的年平均利润中根据这个商品的周转条件归于它的那部分,两部分的和就是这个商品的生产价格。

接着,马克思通过一个案例来说明生产价格。假如对于一个 500 的资本来说,100 为固定资本,400 为流动资本,并且流动资本一个周转期内耗损固定资本 10%,周转平均利润率也为 10%,则生产价格为成本价格 410(400+100×10%)加上利润(500×10%)。这也说明生产价格是在资本流动过程中产生和形成的,生产价格的形成使马克思劳动价值论具有了完整的形态。② 从质上来看,价值也是生产价格的基础,只有从价值出发,分析其间不同的转化过程,才能说明生产价格。生产价格是价值的转化形式,没有价值,生产价格也就无从谈起。如果随便地把剩余价值与利润、剩余价值率与利润率之间的差别抹去,以便解释《资本论(第一卷)》中按照价值交换的原则,就会出现与现实不符合的情况,同时也失去了对待问题的科学态度,只有那些透过竞争这个表面现象

---

① 迪金森:《评米克〈转形问题的若干考察〉》,朱绍文译,《马克思主义研究参考资料》1982 年第 44 期。

② 顾海良、张雷声:《价值转形形态及其对理解劳动价值论的意义》,《学术界》2003 年第 4 期。

看问题的资本家,才会透过现象发现这个过程的内在的本质的结构。

从商品价值规定上来说,商品由价值转化为生产价格,这里就出现了商品价值量与生产价格不一致的情况:两个量的不一致。这是因为价值转化为生产价格的前提条件是利润平均化,也就是说,通过资本从利润率低的部门向利润率高的部门流动来实现利润平均化,因而在资本流动后个别产品的价值必然和生产价格发生偏移。只有那些个别利润率等于平均利润率的部门,才有可能价值等于生产价格。

20世纪80年代后期,国内外学者认识到李嘉图一些主要观点存在问题,并对之进行了批判,这期间他们也逐渐认识到价值和生产价格存在着一致性的一面,如安德鲁·克里曼(2009)、冯金华(2010)认为生产价格实质上就是价值,不能理解为交换价值,因此生产价格和价值是一致的,而前人之所以对生产价格和价值一致性提出批判,其原因就是把价值和交换价值混淆或者混为一谈。当然,个别生产价格的量与价值量不一致并不会改变价值决定生产价格的事实,因为商品的总的生产价格等于总的价值。顾海良(2003)还从剩余价值率和一般利润率关系角度来说明生产价格和价值量的不一致性:在价值规定中,商品价值量的变化不受剩余价值率变化的影响,在生产价格的规定中,生产率的变化决定着生产价格的变化;而剩余价值率的变化影响一般利润率的变化,因此,剩余价值率也影响生产价格的变化从而造成价值和生产价格在量上的不等。

对于价格(这里指的是均衡价格)和价值的关系,同样也存在质和量的区别。从量上来说,价格和价值截然不同,价值是决定量,是衡量商品包含了多少社会必要劳动时间,而价格是相对量,是衡量在均衡状态下一单位商品相当于多少单位的货币。从质上来说,价值是一种商品的客观因素,一种商品的生产价格通常情况下不会恰好等于它的价值,生产价格是一比值,受通货膨胀等一些表面的货币现象影响,只有在单位货币的价值为 1 的特殊情况下,价格在数量上才等于价值。

本节主要讨论单位商品价值量的决定因素,作为商品交换基础的单位商品价值量由两种含义的社会必要劳动时间共同决定。当社会分配给商品的实现价值(单位产品的实现量)的单位劳动时间大于形成价值的劳动时间,产品就会出现供不应求,社会对该产品的生产规模将扩大;同样,当单位产品价值实现量小于单位产品价值形成量,就会出现商品部分价值量无法实现,从而社会规模将缩小;只有当形成价值量等于社会分配给该种产品社会必要价值量时,整个社会商品将会达到均衡状态,即

$$\frac{l_i}{q_i} = \frac{p_i}{\sum_{i=1}^{n} p_i q_i} L$$

变形,得

$$\frac{l_i}{L} = \frac{p_i q_i}{\sum_{i=1}^{n} p_i q_i}$$

其含义是,如果投入的劳动时间与总劳动时间的比值等于该类商品的总价格与整个社会所有商品总价格的比值,则出现均衡状态,否则将会出现资本的流动。

深入研究后发现,马克思的两种社会必要劳动时间其实就是一种社会必要劳动时间,形成劳动时间在实现劳动时间的过程中是一颗转瞬即逝的流星,学者如果把这个过程忽略不计,那么剩下的"只有马克思的社会必要劳动时

间了"。

由于只有一种社会必要劳动时间,因此在单位价值量公式

$$\lambda_i^* = \frac{p_i}{\sum_{i=1}^{n} p_i q_i} L$$

式中,价格 p_i 表示商品的销售价格,也就是在满足供需平衡条件下形成的价格,为均衡价格,根据马克思假设,社会总价值和社会总价格保持不变,均衡的价格形成均衡的价值,实际上 λ_i^* 也是均衡价值。可能有人会产生这样的误会,认为公式中商品的单位价值量随着价格的变化而变化,价格又是人们的主观意念,因此商品价值也是主观的。其实这是一种错误的理解,冯金华(2016)已经证明均衡价格也是由商品的价值技术系数决定的。另外对于完全竞争市场,由于每个部门或者企业对于整个市场是微不足道的,因此其产量变化不会引起整个社会的价格总量的改变,所以单位价值量是客观的,决定于商品的价值技术系数。当大量生产部门提高新的技术时,其单位商品价值量必然下降,市场上变现是均衡价值的降低,因此均衡价格的降低实质上是价值下降的外在变现形式。

第三节　单位劳动价值量

"价值理论是资源配置理论和收入分配理论乃至整个理论经济学的基础。"①

经典政治经济学对收入分配理论研究资源配置效率方法比较多,如从资本收入份额、劳动收入份额等相关方面来讨论经济增长从而实现经济效率提高的问题。然而利用马克思的劳动价值论来研究资源配置效率,在传统政治经济学中一直被忽视。

实际上,传统政治经学利用劳动价值论研究配置效率至多只是在同一行业内部对不同企业的生产效率的研究,而很少涉及不同行业中不同企业的效率,也很少涉及不同行业效率(冯金华,2016),对两大部类生产效率的研究更是微乎其微。本著要解决的问题就是利用单位劳动价值量模型研究不同企业、不同部门一直到马克思的不同部类(第Ⅰ部类和第Ⅱ部类)资源配置效率问题——根据不同部门或企业生产的产品单位劳动价值量差异,这个差异反映了不同部门或企业生产效率的不同,这个不同影响着资源流动——以实现优化配置。当社会所有商品单位劳动价值量相等且等于1时,此时生产商品的生产效率都相等,从而达到一种资源最优配置动态的均衡状态。

利用单位劳动价值量模型决定的资源配置理论一方面为研究西方经济学

---

① 蔡继明:《从狭义价值论到广义价值论》,格致出版社,2010,第41页。

的资源配置问题提供了科学的价值基础,而西方经济学的资源配置只是经验性的验证;另一方面也是对传统政治经济学关于资源配置问题的一个完善。本节将主要研究这个模型。一旦建立了劳动价值量概念(这个概念我们给它命名为一般效率比较),则经济学中资源配置一般性问题将迎刃而解,传统政治经济学所谓的单位劳动产量只是我们模型中的一种特殊情况。

一、单位劳动价值量的提出

前面说到,比较同一行业不同企业生产相同商品的生产效率时,我们可以通过比较单位劳动的产量来说明效率的大小,不需要知道商品价值量。但是,当研究不同部门或不同部门的企业之间生产效率关系时,则由于生产的产品不同,单位劳动的数量就无法表示其效率关系,马克思传统经济学没有给出解决问题的办法,这就要求我们采用新的方法。马克思的劳动价值论可以为我们寻找到问题的突破口。尽管不同行业产品各不相同,但它们的价值是完全一样的,都是体现无差别的人类劳动,因此,我们可以在量上比较其大小。就像麻布和上衣的价值关系,我们掀开价格这个面纱,其面纱下面的价值在质上是一样的,同时在量上也有一定的关系,如上例上衣和麻布,一件上衣或等于 20 码麻布。本节是建立在劳动价值论和等价交换(这里是指相等价值量之间的交换)两个前提条件下,讨论任意一种商品单位价值量的影响因素,找出这些因素与单位商品价值的数量关系,然后从这个数量关系出发,推导可以反映部门或企业生产效率高低的价值指标——单位劳动价值量的数量关系,最后根据单位劳动价值量,确定任意一个部门或行业的效率水平或比较不同行业或不同企业(这些企业无论属于同一行业还是不同行业)的效率大小。

对于任意商品的单位价值量,通过前两节的研究我们已经回答了以下两个问题:不同商品交换的背后蕴含的等量关系是什么;衡量这种等量关系的尺度又是什么。实际上,利用单位商品价值量(实现价值量)的理论分析经济中有关资源配置效率问题,就是单位商品价值量的一个应用。

我们已经研究了影响单位商品价值量的因素,他们分别为该商品的价格、社会总劳动量及社会总价格,即

$$\lambda_i^* = \frac{p_i}{\sum\limits_{i=1}^{n} p_i q_i} L$$

其中,

$$\sum_{i=1}^{n} p_i q_i = \sum_{i=1}^{n} \sum_{j=1}^{n} p_{ij} q_{ij} \tag{1}$$

现在假设某个部门(生产同一种产品的所有企业)生产某种产品 i 投入的劳动量为 l_i,产出为 q_i,则

$$\varepsilon_i = \frac{l_i}{q_i} \tag{2}$$

式(2)中,ε_i 表示单位商品的劳动量,生产一单位商品需要实际投入的劳动量的大小,其受劳动者的熟练程度、劳动者态度和技术水平的影响。我们仍然要注意,这里的劳动量不仅是当期投入的实际活劳动,还包括前期活劳动转化为当期的物化劳动。设 μ_i 表示单位商品价值量与单位商品劳动量的比值,有

$$\mu_i = \frac{\lambda_i^*}{\varepsilon_i} \tag{3}$$

将(2)代入(3),得

$$\mu_i = \frac{\lambda_i^*}{l_i / q_i} = \frac{\lambda_i^* \, q_i}{l_i} \tag{4}$$

式(4)中,分子为劳动的价值实现量,分母为投入的实际劳动量,两者的比值即投入一单位实际劳动的实现价值,我们称之为单位劳动价值量,它表示的含义是每一单位私人劳动所创造的社会劳动的价值,也可以理解为单位商品价值的实现率,价值实现率决定社会对该种商品实际需求量的大小。整个社会的单位劳动价值量为

$$\mu = \frac{\sum \lambda_i^* \, q_i}{L}$$

根据劳动价值论,一国经济价值总量与劳动总量必然相等,因此 $\mu = 1$,尽管部门或者企业单位劳动价值量不一定等于1。

二、单位劳动价值量的静态分析

上面已经分析了单位劳动价值量的表达式为 $\mu_i = \frac{\lambda_i^* \, q_i}{l_i}$,由表达式可知,影响单位劳动价值量大小的因素有单位商品价值量、该种商品的产量和投入的实际劳动量。将式(1)代入(4),得

$$\mu_i = \frac{\lambda_i^* \, q_i}{l_i} = \frac{p_i \, q_i}{l_i \sum_{i=1}^{n} p_i \, q_i} L \tag{5}$$

由于产量是投入劳动量的函数,我们假定为 $q_i = \tau l_i$, τ 为劳动产出系数,价格(这里指的是均衡价格)是产量的函数,即 $p_i = p(q(l_i))$, l_i 与部门投入的技术(t_i)有关系,假定整个社会经济是完全竞争的,任何一个部门或产业价格和

产量的改变不会影响整个社会价格或产量的变化。当某一部门或者产业 i 发生技术变化时,其单位劳动价值量的变化趋势如下:

$$
\frac{\partial \mu_i}{\partial t_i} = \frac{\partial\left(\frac{\lambda_i^* q_i}{l_i}\right)}{\partial t_i} = \frac{\partial\left(\frac{p_i q_i}{l_i \sum_{i=1}^{n} p_i q_i} L\right)}{\partial t_i}
$$

$$
= \frac{L}{\sum_{i=1}^{n} p_i q_i}\left(\frac{\frac{\partial(p_i q_i)}{\partial q_i} \frac{\partial q_i}{\partial l_i} \frac{\partial l_i}{\partial t_i} l_i - \frac{\partial l_i}{\partial t_i} p_i q_i}{t_i^2}\right)
$$

$$
= \frac{L}{\sum_{i=1}^{n} p_i q_i}\left(\frac{\tau l_i \frac{\partial(p_i q_i)}{\partial q_i} \frac{\partial l_i}{\partial t_i} - \frac{\partial l_i}{\partial t_i} p_i q_i}{t_i^2}\right)
$$

$$
= \frac{L}{\sum_{i=1}^{n} p_i q_i} \frac{\partial l_i}{\partial t_i}\left(\frac{\frac{\partial(p_i q_i)}{\partial q_i} q_i - p_i q_i}{t_i^2}\right)
$$

一般来说,当发生技术变化时,投入的劳动量将减小,即 $\frac{\partial l_i}{\partial t_i} < 0$,分母 $t_i^2 > 0$,因此 $\frac{\partial \mu_i}{\partial t_i}$ 的符号变化取决于分子 $\frac{\partial(p_i q_i)}{\partial q_i} q_i - p_i q_i$ 的符号变化。当 $\frac{\partial(p_i q_i)}{\partial q_i} q_i - p_i q_i > 0$ 时,即 $\frac{\partial(p_i q_i)}{p_i q_i} > \frac{\partial q_i}{q_i}$ 时,随着技术进步,单位劳动价值量将会降低;当 $\frac{\partial(p_i q_i)}{p_i q_i} < \frac{\partial q_i}{q_i}$ 时,随着技术的进步,单位劳动价值量将会上升;最后,当 $\frac{\partial(p_i q_i)}{p_i q_i} = \frac{\partial q_i}{q_i}$ 时,随着技术水平的提高,单位劳动价值量将会和技术同比例变化。

表达式 $\frac{\partial(p_i q_i)/p_i q_i}{\partial q_i/q_i}$ 为商品产量需求收益弹性(等同于需求价格弹性),

当产量需求收益弹性大于 1 时,我们称为富有弹性,此时随着技术进步,单位劳动价值量降低;当产量需求收益弹性小于 1 时,我们称为缺乏弹性,此时单位劳动价值量增大;当产量需求收益弹性等于 1 时,我们称为单位弹性,此时单位劳动价值量与技术同比例变化。

三、同一部门不同企业及不同部门不同企业单位劳动价值量的关系

我们仍然假定 ε_i 是指部门实际生产一单位产品 i 所费的时间,λ_i^* 表示该种产品的社会必要劳动价值量。对于一个部门或者企业来说,反映其资源配置效率大小的是劳动生产率。对于同一部门来说,通常衡量其劳动生产率指标是指部门或企业生产一单位产品所需要的劳动时间或者是在单位时间里所生产的产品数量。为了方便,我们这里用单位时间的产量表示劳动生产率。一般来说,劳动生产率越高,单位时间内所生产的产品数量越多。同样,对于同一部门或者企业来说,在相同的时间内生产出的产品数量越多,其生产率相对于其他企业来说就越高,企业就越有竞争力。我们用 f_i、f_{ij} 分别表示 i 部门平均劳动生产率和 i 部门 j 企业的劳动生产率,则

$$f_{ij} = \frac{q_{ij}}{l_{ij}} \tag{6}$$

$$f_i = \frac{q_i}{l_i} = \frac{\sum\limits_{j=1}^{n} q_{ij}}{\sum\limits_{j=1}^{n} l_{ij}} = \sum\limits_{j=1}^{n} \frac{q_{ij}}{\sum\limits_{j=1}^{n} l_{ij}} = \sum\limits_{j=1}^{n} \frac{q_{ij}}{l_{ij}} \frac{l_{ij}}{\sum\limits_{j=1}^{n} l_{ij}} = \sum\limits_{j=1}^{n} f_{ij}\alpha \tag{7}$$

其中

$$\alpha = \frac{l_{ij}}{\sum_{j=1}^{n} l_{ij}}$$

上面的式子表明,部门 i 的劳动生产率是该部门所有企业劳动生产率的加权平均数,由公式(2)和公式(6)可得

$$\varepsilon_i = \frac{1}{f_i} \tag{8}$$

将式(6)代入式(3)得

$$\mu_i = \lambda_i^* f_i = \lambda_i^* \sum_{j=1}^{n} f_{ij}\alpha \tag{9}$$

式(9)表明部门单位劳动价值量与部门及部门内部企业劳动生产率的关系,某个部门平均劳动生产率越高,则该部门单位劳动价值量越高,也就是说,单位私人劳动所实现的社会价值(实现价值)就越高,与每个企业的劳动生产率呈正向关系。将式(1)代入式(9)得

$$\mu_i = \frac{p_i f_i}{\sum_{i=1}^{n} p_i q_i} L = \frac{p_i \sum_{j=1}^{n} f_{ij}\alpha}{\sum_{i=1}^{n} p_i q_i / L} \tag{10}$$

由于是在同一部门内部,其价格相等,式(10)第二个等号右边的分子表示部门内所有企业的平均收益,分母表示整个社会的平均收益,整个等式表示该部门的平均收益与整个社会的平均收益的比率。

同样,我们也可以把部门内的某个企业的单位劳动价值量表示出来:

$$\mu_{ix} = \frac{p_{ix} f_{ix}}{\sum_{i=1}^{n} p_i q_i / L} \tag{11}$$

式(11)表示企业平均收益与整个社会平均收益的比率,即企业生产的商品单位劳动价值量(这里假定企业是单一生产)。同样体现了企业在社会的竞争优劣势,一般来说,如果 μ_i 和 μ_{ix} 大于1,那么表示该部门或者企业的平均收益大于整个社会的平均收益,从而该部门或者企业相对于整个社会来说具有竞争优势,从而出现资源向该部门或者企业流入;如果小于1,那么表示该部门或者企业与整个社会相比,处于劣势地位,将会出现资本流出,若最终收益低于成本,该部门或者企业将会退出;如果等于1,那么表示该部门或企业的平均收益与社会平均收益持平,社会对该部门或企业的资源流动将处在稳定状态。

前面表示某一部门或者某个企业与社会收益比率,如果是同一部门内部不同企业的平均收益,我们直接利用单位商品劳动量来表示,只要按照单位时间产量就可确定企业效益,那么利用劳动价值论可不可以推出同样的结论呢? 假设第 i 部门有两个企业 m 和 n,则

$$\mu_{im} = \frac{p_{im} f_{im}}{\sum_{i=1}^{n} p_i q_i / L} \tag{12}$$

$$\mu_{in} = \frac{p_{in} f_{in}}{\sum_{i=1}^{n} p_i q_i / L} \tag{13}$$

当 m 的单位劳动价值量大于(小于或等于) n 的单位劳动价值量时,即

$$\mu_{im} > \mu_{in} \tag{14}$$

将式(12)(13)代入式(14),得

$$\frac{p_{im} f_{im}}{\sum_{i=1}^{n} p_i q_i / L} > (< =) \frac{p_{in} f_{in}}{\sum_{i=1}^{n} p_i q_i / L} \tag{15}$$

由于是同一部门内的不同企业,其生产的是相同产品,则均衡价格相同,所以式(15)转化为

$$f_{im} > (<=) f_{in} \tag{16}$$

上式表明,同一部门的不同企业单位劳动价值量的比较可以转化为两个企业劳动生产率大小的比较。

同样,我们可以利用公式(11)研究不同部门不同企业的单位劳动价值量之间的关系:

$$\mu_{ix} = \frac{p_{ix} f_{ix}}{\sum_{i=1}^{n} p_i q_i / L} \tag{17}$$

$$\mu_{jy} = \frac{p_{jy} f_{jy}}{\sum_{i=1}^{n} p_i q_i / L} \tag{18}$$

两企业单位劳动价值量的比较:

$$\mu_{ix} > (<= \mu_{jy})$$

即

$$\frac{p_{ix} f_{ix}}{\sum_{i=1}^{n} p_i q_i / L} > (<=) \frac{p_{jy} f_{jy}}{\sum_{i=1}^{n} p_i q_i / L} \tag{19}$$

$$p_{ix} f_{ix} > (<=) p_{jy} f_{jy}$$

四、两大部类单位劳动价值量的关系

马克思将社会总生产分为资本品生产和工资品生产。资本品是指必须进

入或者至少能够进入生产消费的产品及其生产部门,如采掘、冶炼、动力、机器制造、水泥、化肥等部门和其他生产生产资料的部门。工资品是指提供生活消费品的生产部门,如食品、纺织、药品、造纸等部门和其他生产生活消费的部门。马克思将资本品生产部门作为第Ⅰ部类,将生产工资品生产部门作为第Ⅱ部类。当然,由于社会发展及科技进步,一些物品的使用价值越来越具有多样性,它们既有可能作为资本品生产,同时也有可能作为消费品生产,例如煤炭产业,当作为发电材料时属于第Ⅰ部类,当用作取暖或做饭材料时又被划为第Ⅱ部类。当然,这不会对我们研究问题产生影响。

我们假定社会有 n 部门,其中前 m 部门进行资本品生产,后 $n-m$ 部门生产工资品。

$$\lambda'_1 = \frac{\sum_{j=1}^{m} \lambda'_{1j} q_{1j}}{\sum_{j=1}^{m} q_{1j}} \tag{20}$$

其中, λ'_1 表示第Ⅰ部类平均实现价值, λ'_{1j} 表示第Ⅰ部类部门 j 的实现价值, q_{1j} 表示部门 j 的产量,对上式变形,得

$$\lambda'_1 = \sum_{j=1}^{m} \frac{\lambda'_{1j} q_{1j}}{\sum_{j=1}^{m} q_{1j}} = \sum_{j=1}^{m} \frac{\lambda'_{1j} q_{1j}}{q_{1j}} \frac{q_{1j}}{\sum_{j=1}^{m} q_{1j}} = \sum_{j=1}^{m} \lambda'_{1j} \kappa_j \tag{21}$$

$$\kappa_j = \frac{q_{1j}}{\sum_{j=1}^{m} q_{1j}}$$

$$\lambda'_{1j} = \frac{p_{1j}}{\sum_{j=1}^{m} p_{1j} q_{1j} + \sum_{k=m+1}^{n} p_{2k} q_{2k}} L = \frac{p_{1j}}{\text{GDP}} L \tag{22}$$

$$\lambda'_1 = \sum_{j=1}^{m} \frac{p_{1j}}{\text{GDP}} L \kappa_j = \frac{L}{\text{GDP}} \sum_{j=1}^{m} p_{1j} \kappa_j$$

同样,对于第 I 部类投入的劳动量为 l_1 ,有

$$l_1 = l_{11} + l_{12} + \cdots + l_{1m} \tag{23}$$

对于第 I 部类产量,有

$$q_1 = q_{11} + q_{12} + \cdots + q_{1m} \tag{24}$$

对于第 I 部类产品平均单位商品劳动量,有

$$\varepsilon_1 = \frac{l_1}{q_1} \tag{25}$$

所以第 I 部类平均单位劳动价值量为

$$\mu_1 = \frac{\lambda'_1}{\varepsilon_1} = \frac{1}{l_1} \frac{L}{\text{GDP}} \sum_{j=1}^{m} p_{1j} q_{1j} \kappa_j$$

即

$$\mu_1 = \frac{\sum_{j=1}^{m} p_{1j} q_{1j} \kappa_j / l_1}{\text{GDP}/L} \tag{26}$$

式(26)中,GDP 表示社会总产品价格总量,L 表示社会总投入的劳动量,或者是社会总产品的价值量,等式右边分子表示第 I 部类劳动的平均收益,分母表示整个社会的平均收益,两者之间的比表示第 I 部类平均收益相对于整个社会平均收益的大小关系,也就是第 I 部类相对于整个社会生产效率的大小。

同样,我们可以推出第 II 部类的单位劳动价值量为

$$\mu_2 = \frac{\sum_{j=m+1}^{n} p_{2j}\, q_{2j}\, \kappa_j /\, l_2}{\mathrm{GDP}/L} \tag{27}$$

$$l_2 = l_{2(m+1)} + l_{2(m+2)} + \cdots + l_{2n}$$

μ_1 和 μ_2 是两部类的平均收益与社会平均收益的比较,我们同样也可以比较两部类之间的平均收益:

$$\frac{\mu_1}{\mu_2} = \left. \frac{\sum_{j=1}^{m} p_{1j}\, q_{1j}\, \kappa_j /\, l_1}{\mathrm{GDP}/L} \right/ \frac{\sum_{j=m+1}^{n} p_{2j}\, q_{2j}\, \kappa_j /\, l_2}{\mathrm{GDP}/L}$$

$$= \left. \frac{\sum_{j=1}^{m} p_{1j}\, q_{1j}\, \kappa_j}{l_1} \right/ \frac{\sum_{j=m+1}^{n} p_{2j}\, q_{2j}\, \kappa_j}{l_2} \tag{28}$$

上式的比值具有重要的经济学意义,它反映了两部类效率的高低。比值大于1,说明第 I 部类效率优于第 II 部类,小于 1 相反,等于 1 说明两部类生产效率相同,可以以此为标准对资源进行配置。另外,上式也表明,每一部类单位劳动价值量不仅取决于该部类的某个部门或产品的均衡价格和产量,而且受其他部类产品均衡价格和产量的影响,其复杂程度远远大于单一部门,具体分析将在下一章详细讨论。

第四节　资源配置与经济效率

　　资源配置与经济效率是西方经济学中微观部分研究重点。生产率的高低并不完全取决于资源自身的禀赋，而是不同资源结合充分发挥作用的执行能力（格兰特，1991）。合理有效的资源配置是提高经济效率的主要因素，资源配置合理了，实现了最优使用价值，其也就能发挥最大优势，经济效率也就提高上去了；经济效率的提高，有利于资源的合理流动，反过来促进资源优化配置，从而形成良性循环。目前国内存在很多问题，特别是环境污染问题，实际上就是资源配置使用价值不合理的典型表现，其长期性的存在将阻碍经济的发展。本节将就资本的发展历史、资源配置与经济效率关系的相关分析及在静态完全竞争条件下经济效率与资源配置的价值决定做一概述，为下一章研究作铺垫。

一、资本的发展历史

　　类似于西方经济学对资源配置问题的研究方法，我们首先从资本的概念入手，这就要求我们从历史发展的视角把资本的概念给以明晰化。

　　资本从历史发展及演化时间角度来分析，它和经济学的发展是同步的，大致经历了三个时期：古典经济学前期、古典经济学时期和古典经济学后期。古典经济学后期包括新古典经济学阶段、凯恩斯阶段和后凯恩斯阶段。在古典经济学发展方向上，对资本的含义的理解有两个发展分支，一支用于解释西方经济学，另一支用于解释马克思主义经济学。

　　最早涉及资本概念的是亚里士多德,他提出两种取财之道,一是为满足获得使用价值而与该种商品进行的交换,二是为了获得更多交换价值的积累而进行的交换。其中第二种交换出现了资本的雏形。由于亚里士多德的取财之道是通过交换而获得,这里又涉及货币的流动,可以看作资本实现配置方式的最早研究,这种资本流动方式的研究为后来的重商主义和重农主义的产生和发展提供了基础。

　　重商主义的形成和发展是社会发展阶段的必然产物。当社会出现分工时,社会存在专门从事某种产品生产的个人或者组织。产品出现剩余,随着剩余产品的逐渐增多,社会上就会产生专门从事产品销售的行业或组织,这时候资本主义生产方式开始在西欧萌芽。托马斯·孟在其《英国得自对外贸易的财富》一书中,提出了"存货"概念,它是建立在对利润追求的前提下,认为财富的一部分必须作为存货来加以利用,即为了卖而买,从而榨取利润。这里给出的"存货"不是一般货物,它可以实现资本的积累,后来被定义为资本,其流动方式为:货币—商品—货币。重商主义探讨了资本增值的来源,描述了增值的表象特征,但是没有触及资本增值的本质。

　　以魁奈为代表的重农主义者坚持认为社会总产品和农业年产量等同,其他产业都不能增加社会财富。他将农业资本分为"年预付"和"原预付",诸如种子、肥料和工资等在其生产过程中全部消费掉被称为"年预付",诸如耕种工具等几年更换一次的叫"原预付"。魁奈等重农主义者发现增值过程发生在生产领域而不是交换领域,这是比重商主义进步的地方。我们发现,魁奈在资本中的"年预付"和"原预付"就是后来马克思定义的流动资本和固定资本,这是对资本研究的进一步深入。重农主义者和重商主义者一样,对于资本增值的本质没有给出回答,这是他们的不足之处。

由于没有回答资本增值的本源,所以后来的学者就把对该问题的回答作为研究的重点,古典学派第一次从生产的一般过程及物质条件入手,认为资本运动过程应该是:G(货币)→W(商品)…P(生产过程)…W′(新商品)→G′(包含剩余价值的货币)。

古典学派认为,资本是通过生产过程而不断增值的价值量,生产资本的运动过程贯穿社会生产的整个过程,其代表人物是亚当·斯密和大卫·李嘉图。

斯密克服了重商主义和重农主义的片面性,明确一切生产部门的劳动都是财富的源泉,"全部资财于是分成两部分。他希望从以取得收入的部分,称为资本。另一部分,则供目前消费"①。这是第一次给出资本的完整定义。斯密指出,任何产业过程的资本都分为固定资本和流动资本:不参加流通和交换,只停留在资本家手中就能带来利润的叫固定资本;而通过参加交换,也就是说流动带来利润的叫流动资本。斯密在关于资本积累方面指出,"一切资本,虽都用以维持生产性劳动,但等量资本所能推动的生产性劳动量,随用途的不同而极不相同"②,斯密已经看出等量资本用在不同的生产领域,其带来的利润是不同的,尽管我们现在很容易理解,但是在当时能够看出这一点是相当不容易的,它促使了人们进一步对资本的研究。

斯密的进步还表现在他摆脱了前期研究的局限,从整体上来研究关于资本及其增值的本源,他关于生产过程的迂回、固定资本和流动资本的划分以及最

---

① 亚当·斯密:《国民财富的性质和原因的研究》(上卷),郭大力、王亚南译,商务印书馆,1972,第254页。

② 亚当·斯密:《国民财富的性质和原因的研究》(上卷),郭大力、王亚南译,商务印书馆,1972,第329页。

终等量资本获得等量利润的原理、对劳动价值论的理解后来都成为马克思《资本论》的理论渊源。但是斯密的局限性在于没有给出固定资本和流动资本的社会关系，最终无法解释剩余价值真正的源泉，斯密认为资本是增加财富的自然力，认为资本天生具有这个能力，为后来萨伊的"三位一体"提供了理论渊源；同样，斯密关于"预储资财"来自资本家的"节俭"和"勤劳"，这为后来西尼尔的"节欲论"提供依据。斯密最大的错误是没有从资本增值中发现资本背后的人与人之间的关系，也就是没有发现增值背后的价值关系。

与古典经济学派将资本理论的研究视角放在生产和供给领域的研究方法不同，新古典学派经济理论的研究重心放在需求和交换的领域（孙咏梅，2007），特别是新古典经济学把资本和劳动一样作为生产要素。

新古典学派代表人物马歇尔在其出版的《经济学原理》中关于资本的定义是从供给和需求相结合的角度来考察的，他首次将边际理论应用到经济分析中，他指出资本的增加降低了资本的边际使用，从而提高了工资。马歇尔在讨论关于一般资本和一般劳动的关系时（一般资本与一般劳动的分离是马克思主义资本与西方经济学资本区别的重要标志），实际上把一般资本作为物，把一般劳动作为工人，它们两者之间的关系就是工人与资本的关系，并且指出两者之间是相辅相成的，没有一般资本，工人就失去了劳动借以表达的方式，劳动者就不会存在，同样没有劳动者，资本就失去了增值的可能性，也不是资本了。马歇尔认为资本应包括消费资本和生产资本，消费资本是由具有直接满足欲望的形态的货物构成的；就是直接维持工人们的生活的货物，如食物、衣服、房屋等。生产资本是由在生产上帮助劳动的一切货物构成的，如机器、工厂、铁路等。

美国新古典学派代表人物约翰·贝茨·克拉克丰富了资本的含义，他认为资本具有两种含义,即"纯资本"和"具体的资本品"。"纯资本"是指"资本中的资本","一种抽象的财富,具有生产能力,其存在于各种具体形式的资本之中","所谓的具体的资本品就是指有形的生产资料"。克拉克同时又将资本分为固定资本和流动资本,将资本中如厂房、机器等一类的划为固定资本品,将原材料划为流动资本品。克拉克在分析资本理论时,采用边际分析法研究关于资本的静态均衡。他指出,当技术水平处于静态稳定时,边际生产力具有递减规律(这里所谓边际生产力是指当劳动量不变时,资本每增加一单位所带来产品的增量,随着资本量的增加,产品增加递减)。在自由竞争的状态下,将会导致劳动和资本在各个行业间充分流动,以确保各个行业最后增加的每一单位劳动与资本所具有的边际生产力均相等。

在前提条件上,新古典学派还是沿着古典学派的完全竞争环境下对资本进行研究,同时继承了萨伊的"三要素"理论,但是他们在研究方法上比古典学派往前迈进了一步,把边际分析引入经济分析之中,这也是新古典学派发展的标志,另外,新古典学派定义了利息是衡量资本价值的因素。但是在某些方面相对于古典经济学来说却出现了退步,如把资本与财富混淆,认为资本就是财富;对预付资本的概念被生产要素取代。

新古典综合学派是把新古典经济学的分析方法应用到总量分析上来。希克斯认为,新古典综合学派使用的分析方法仍然是静态分析,只不过把现代宏观经济学(凯恩斯主义经济学)和传统的微观经济学(新古典经济学)简单而机械地拼凑到一起的产物。新古典综合派代表人物萨缪尔森给出资本的定义:

"资本是指生产性的投入物,是为了继续生产而投入的物品,一般是由耐用消费品组成。"①并且他还给出总价值的组成:土地资源资本化的价值、人力资本被资本化的价值。实质上这个所谓的总价值就是新创造的价值,是价值的增量。

这里出现的问题是,由于新古典综合学派把资本作为一种实物资本品的一种生产要素(新古典学派也如此),不同质的物品随便加总而形成的总资本应用到总量生产函数是否合理及计量的困难受到新剑桥学派的广泛质疑,新剑桥学派认为新古典综合学派关于资本的理论只是抽象关系的技术命题,是理论上的说教,仅限于理论分析,而不是对现实的阐释。它们在解释现实时会遇到无法克服的困难,因为资本的边际生产力是在完全竞争的条件下实现的,而资本主义现实是存在利益合作和冲突的不完全竞争状态。于是在批判新古典综合学派的基础上,新剑桥学派便出现了。

新剑桥学派从以下几个方面来推出自己的理论:一是抛弃新古典综合学派直接把凯恩斯思想嫁接到新古典体系中,而是将古典学派的剩余理论和凯恩斯的有效需求理论相结合,建立了利润决定论。利润决定论通过建立利润预期、投资决策和部门结构制度的方法,运用计量分析探寻均衡增长的规律。我们发现其仍然没有摆脱把古典体系和凯恩斯理论的结合,正如国内学者胡岳岷所说:"在一定意义上可以说,作为后凯恩斯主义经济学的新剑桥学派,实际上是凯恩斯、哈罗德、斯拉法和卡莱茨基的大融合。"②二是通过批判新古典学派的资本边际生产力理论,及其边际生产力完全竞争假设、资本生产要素命题及边际分析方法等问题,在深入研究预期利润与投资的关系基础上,提出了可以利用

---

① 萨缪尔森、诺德豪斯:《经济学》,萧琛等译,商务印书馆,2013,第260页。
② 胡岳岷:《现代凯恩斯主义资本理论述评》,《经济评论》2000年第4期。

计量方法分析的积累与利润相互制衡的增长理论。该理论指出，以往的投资或积累决定当前的利润水平，以这个利润为未来预期利润的依据，并决定当前的投资政策，若预期利润等于已实现的利润，积累便大于均衡路线。新剑桥学派同时建立了增长率公式：$G_w = r \cdot S_p$。

上面通过对资本发展历史进程的分析可以看出，从亚里士多德认为用于交换的财富是资本到古典经济学认为能够增值的为资本，一直到从边际效用和产生利润角度来研究资本，西方经济学者们对资本的概念理解越来越清晰，其研究过程也不断深入，不仅就资本本身研究，而且也对与资本有关的变量进行研究。但是西方经济学对资本研究的缺陷主要表现在把资本看作一个静止的物，强调技术关系的分析，对其社会关系研究得比较少。马克思在批判地借鉴古典经济学派的研究成果上建立了自己的资本理论。首先他接受了古典经济学派从一般生产过程和社会生产过程研究资本理论的方法，但是，马克思资本理论通过对现实资本主义经济关系的分析，第一次指出资本不是物，而是以物为媒介的经济关系。"资本作为自行增值的价值，不仅包括着阶级关系，（还）包含着建立在劳动作为雇佣劳动而存在的基础上的一定的社会性质。它是一种运动，是一个经过各个不同阶段的循环过程，这个过程本身又包含循环过程的三种不同的形式。因此，它只能理解为运动，而不是理解为静止物。"

我们可以看出，在马克思资本理论中，资本作为一个特殊的生产要素，具有其最本质的属性，这种本质属性是资本存在的基础，也是资本赖以发挥作用的前提。我们给出的资本的定义为一种自行增值的体现人与人之间经济关系的特殊物，其增值表现为在运动中创造利润。

二、资本效率与资源配置的分析

（一）对西方经济学中资本效率与资源配置的分析

西方经济学起源于微观经济学，而微观经济学讨论的中心就是资源的配置，资源配置是经济学研究的主线，亚当·斯密的"看不见的手"可以说是对资源配置经典性研究的开端。

亚当·斯密在《国富论》中对资源配置给出了自己的解释。他认为，资本如何投资，不需要任何人的干涉，它本身就会自然而然地引导资本分配到国内一切不同的部门；这是因为资本的自然属性决定它首先投入最有利于社会的用途，当大量的资本都进入这个领域时，它的利润就会下降，其他部门利润就会上升，于是，资本立马改变投资方向，进入其他领域。

后来包括大卫·李嘉图的比较优势理论，一直到瓦尔拉斯、帕累托等的一般均衡理论都是在微观条件下对资源配置问题进行的开创性研究。帕累托在竞争性市场均衡研究中提出市场配置资源的帕累托效率标准，把西方经济学对效率的静态研究推到了极致。马歇尔经济学运用了局部均衡分析法，他提出商品的需求和供给是两种相反力量（即均衡），商品的价格就是在这两种相反力量达到均势时所决定的，当供需双方达到一致时的价格就是均衡价格，马歇尔利用边际效用分析需求规律，利用生产费用分析供给规律，该种方法目前仍然是西方经济学分析资源最优配置的分析方法。

1939 年，希克斯出版《价值与革命》一书，该书"集现代资产阶级庸俗经济学关于'均衡分析'的大成，把剑桥学派马歇尔的'局部均衡分析'同洛桑学派瓦尔拉和帕累托的'一般均衡分析'拼凑起来，企图从马歇尔的主观价值学说出发,重新考虑瓦尔拉—帕累托的价值学说,然后把这一经过修正的价值学说应用来解决魏克赛尔所未能解决的关于资本的种种'动态问题'"①。

此外,里昂惕夫所创建的投入—产出模型,其重要特征就是强调经济的相互依赖性,是一般均衡理论在实践中的应用。我们在研究两大部类资本流动时将会用到投入—产出法。投入—产出法是应用一般均衡理论的重大发展。

西方经济学家虽然对生产效率及资源配置方面有很多论述,但是缺乏统一的定论。凯恩斯认为:第一,这些对生产效率解释的名称的含义,或者是在单位时间内增加一个物质单位的资本所引起的物质产品的增量,或者是由于增加一个价值单位资本产品所引起的价值增量,界定上并不清晰,因为其关心的是某种意义上的资本物质生产率。第二,资本边际效率究竟是绝对量还是一个相对量,很多学者给出的结论从理论上并没有清晰地说明。我们只能从其文献推测出他们是把边际效率和利息率作为同一纬度来看,资本的边际效率似乎应该是一个比例,然而,对构成这个比例的两个名词,不同观点的理论在理解上并不一致。第三,在使用一个追加的资本量后所得到的价值增加量,和在追回资本的整个循环期间所预期得到的一系列价值增加量之间存在很大的区别,这是分析资本效率时必须注意的。同时,凯恩斯认为,关于资本效率定义的混乱,主要是因为未能看清它取决于资本的未来收益,而不仅仅取决于资本的现行收益。

凯恩斯主要从两个方面来阐述他的效率理论。一是"资本边际效率"。凯恩斯认为,企业家投资取决于资本的边际效率与市场利息率的对比关系。随着投资的不断增加,资本边际效率递减,这就引起投资不足。但是,投资不仅取决

---

① 胡代光:《简评希克斯的〈价值与资本〉》,载希克斯《价值与资本》,薛蕃康译,1962,第1页。

于利润率,而且还取决于利息率,只要利息率比利润率下降的幅度大,也就是说两者差距越大,资本家越愿意投资。利息率是对未来的预期,那么如何来确定利息率下降还是上升呢？凯恩斯提出了心理偏好这个概念。由于利息是对于人们在某一特定时期内放弃这种偏好的报酬,因此利息率波动幅度不应该太大,从而在资本边际效率递减和利息率波动两种阻力作用下,投资需求也就不足了。二是"投资决定"。凯恩斯认为,投资是总需求函数中变动最大的部分。投资变动主要取决于资本边际效率和利息率(见图3-4)。

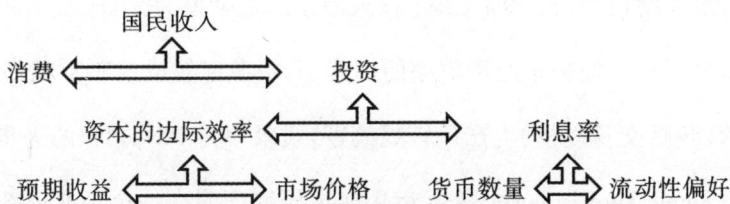

图3-4　凯恩斯"投资决定"论的理论框架

凯恩斯在集中研究资本效率时指出,"某种类型的资本增加一个单位的未来收益和生产该单位资本成本之间的关系","它是一种贴现率,使得资本资产在其寿命期间预期的一系列年收入现值正好等于该资本资产的供给价格。这是一种特定类型的资本资产边际效率。而不同边际效率最大者即可认为是一般的资本边际效率"。① 凯恩斯在其理论中系统地论述了资本边际效率、有效需求、就业率、供需均衡利率等因素的相互关系。其在"投资决定""资本边际效率"分析中所涉及的边际效率、有效需求、就业率等相关因素的分析,为我们以下研究资本效率提供了依据。

————————————

① 凯恩斯:《就业　利息和货币通论》,陕西人民出版社,2005,第123、124页。

关于经济效率与资源配置同经济增长的关系,早期西方经济学家只是在研究经济增长时才涉及经济效率,并且把它作为经济增长的因素,也称为全要素生产率,很少专门把经济效率作为一个目标函数来研究。但是随着经济发展及对之研究的不断深入,学者们开始逐步关注经济效率因素的分析。

丹尼森等人认为,影响全要素生产率的因素有生产要素质量的变化、知识的进步、资源配置的改善、规模经济等,从而把经济增长的因素分为两类,一类是投入的增长,一类是经济效率的提高。其对美国1948—1973年国民经济进行统计得出其增长率为3.9%,其中投入因素的贡献率为57%,经济效率因素的贡献率为43%。而决定经济效率的因素中,资源配置的改善贡献率为8%,规模节约(包括交易规模、生产运转规模等)贡献率为7%,知识的进步贡献率为28%。Farell、Fare和Lovell等人运用实证研究证明在一个企业内部其效率界定为纯技术效率、配置效率以及规模效率的乘积。

总结西方经济学对经济效率与资源配置的研究可以发现,其研究的前提条件和假设是在完全竞争的市场经济中按照等价交换的最优配置;资源稀缺性是西方经济学研究的另一重要条件,无疑,建立在此前提条件下的资源配置标准符合科学研究规律和论证的严密性,因此这也是本著研究的基点。

西方经济学存在的问题主要有以下几点:第一,"以价格为条件但却没有进一步深入分析隐藏在价格背后的价值,因而,所提出的资源最优配置的价格条件缺乏牢固的价值基础"(冯金华,2016)。也就是说摒弃了价值讨论,仅从表面的价格入手,用"均衡价格论"作为工具研究资源配置,缺乏客观经济理论基础。作为西方经济学的资本配置,其研究的标准就是以价格的变化作为研究的起点和终点,以价格的高低作为判断有无效率和效率大小的标准。第二,静态研究。

只是研究在资源配置最优时应该满足的条件,包括在经济增长时的效率分析,没有讨论资源配置从不稳定到稳定的流动过程,其实在整个经济社会发展的现实中,不稳定是常态,是社会发展的基础和推动力。第三,也是最重要的,西方经济学所研究的资源配置实际上就是资本的配置,不涉及所有资源。而本著将要讨论的是整个社会资源,整个社会的有用物品,根据马克思的劳动价值论,过去的劳动是活劳动的物化,我们假设可以按照某种方式转化为简单劳动或活劳动,这样,整个社会资源都将用简单劳动或者活劳动替代。

(二)马克思经典经济学对资本效率的分析及平均利润率

马克思在《资本论》中对资本效率有详细的研究,且是从物质资本和人力资本两方面分析的。

对于物质资本,马克思指出,由于它是作为再生产生产资料的,必须在该部类进行分配,生产结束后必须获得物质补偿,以生产资料形式存在的利润,一部分在部类内部分配以扩大再生产规模,一部分可能转移到其他场所。对于人力资本,马克思指出,它是通过工人之间不断的竞争及工人的文化程度决定其流动的,而这个竞争的实质就是资本家对工人剥削程度竞争调整过程。

其实,马克思从物质资本和人力资本两种类型的资本在两大部类之间及其内部流动的规律,也说明了物质资本(实际上是物化的劳动力资本)和人力资本的相似性,本著以后将不再区分物质资本和人力资本,而是将两者合并在一起统称为社会资源或者资本。

马克思资本配置是通过资本流动实现的。资本流动规律是根据不同行业的利润率差异而形成的。由于不同行业之间的利润率存在差异,则不同行业之间就会展开竞争,假设资本可以自由流动,竞争的结果就是利润率低的行业的资本向利润率高的行业流动,而随着资本从利润率低的行业向利润率高的行业流动,不同行业之间的利润率差别会不断缩小直至消失。这是因为,随着资本的流出或流入,会出现生产规模的变化,商品价格从而也将出现波动,资本流出部门将会因为规模的缩小而导致利润的增加,资本流入部门将会因为规模扩大而出现利润的下降。通过这样反反复复的流动,直到最后,所有行业的利润率都趋于一致。"通过这种不断的流出和流入,总之,通过资本在不同部门之间根据利润率的升降进行的分配,供求之间就会形成这样一种比例,使不同的生产行业都有相同的平均利润,因而价值也就转化为生产价格。"

马克思尽管指出资本根据利润率的高低流动,但是并没有对之进行数理分析,我们下一章将要从动态视角研究利润率和单位劳动价值量之间的相同和不同之处。

接下来给出利润率的价格和单位商品价值量的表达式。假设社会平均利润率为 r ,生产一单位 i 所需投入商品 $j(j = 1, 2, \cdots, n)$ 的数量为 a_{ij} ,商品 j 的均衡价格为 p_j ,则生产一单位 i 所需要的成本为 $\sum_{j=1}^{n} a_{ij} p_j$,均衡状态下成本加上利润为 $(1 + r) \sum_{j=1}^{n} a_{ij} p_j$ 。同样假定商品 i 的均衡价格为 p_i ,在均衡状态下,生产一单位商品 i 的成本加上利润之和恰好等于均衡价格,于是得到以下公式

$$p_i = (1 + r) \sum_{j=1}^{n} a_{ij} p_j (i, j = 1, 2, 3, \cdots, n) \tag{1}$$

对上式进行整理可以得到

$$\sum_{j=1}^{n} a_{ij} p_j = \frac{1}{1 + r} p_i (i, j = 1, 2, 3, \cdots, n) \tag{2}$$

该式是用价格表示的利润率的表达形式。将单位价值实现量的表达式

$$\lambda_i^* = \frac{p_i}{\sum\limits_{i=1}^{n} p_i q_i} L \text{ 和 } p_i = \frac{\sum\limits_{i=1}^{n} p_i q_i}{L} \lambda_i^* \text{ 代入平均利润表达式,得}$$

$$\sum_{j=1}^{n} a_{ij} \frac{\sum\limits_{j=1}^{n} p_j q_j}{L} \lambda_j^* = \frac{1}{1+r} \frac{\sum\limits_{i=1}^{n} p_i q_i}{L} \lambda_i^* \tag{3}$$

$$(1+r) \sum_{j=1}^{n} a_{ij} \frac{\sum\limits_{j=1}^{n} p_j q_j}{L} \lambda_j^* = \frac{\sum\limits_{i=1}^{n} p_i q_i}{L} \lambda_i^* \tag{4}$$

式中,$\sum\limits_{i=1}^{n} p_i q_i$ 表示整个社会所有物品的价格总量,由于研究是在一国之内,可以看作国内生产总值,用 GDP 表示,即

$$\sum_{i=1}^{n} p_i q_i = \sum_{j=1}^{n} p_j q_j = \text{GDP} \tag{5}$$

$$r_i = \frac{\lambda_i^* - \sum\limits_{j=1}^{n} a_{ij} \lambda_j^*}{\sum\limits_{j=1}^{n} a_{ij} \lambda_j^*} \tag{6}$$

上式是平均利润率的价值表达形式,我们可以看出,影响平均利润率的因素主要有单位商品的价值量和生产技术。(6)式等号右边的分子表示商品单位价值量与生产成本价值量的差,按照马克思劳动价值论,实质上就是平均化的剩余价值,因此平均利润率等于平均化的剩余价值与成本价值的比值,在生产技术条件不变的条件下,平均利润率与剩余价值成正比,与成本价值成反比。

三、完全竞争条件下经济效率与资源配置的价值决定

当整个社会实现了利润平均化后，资源是否达到最佳配置？也就是说，资源配置是否达到最优化？

在传统马克思主义经济学中，由于不同部门或者企业规模、技术及其管理方式等存在差异，特别是不同部门有机构成及周转时间的差异从而导致利润不同，在完全竞争市场条件下，按照等价交换的原则，利润率低的部门由于资本流出，产量降低，价格增加，利润将升高；同样，利润率高的部门由于资本流入，产量增加，价格下降，利润将降低。经过反反复复的变化，最终，整个社会生产不同部门利润将会趋向一致，从而形成了平均利润率。但是这种状态并不一定实现资源的最优配置，因为决定资源最优配置的标准是边际利润，也就是投入增加一单位时利润的增加量，其与平均利润率不一定相等。根据利润表达式，某行业 i 的利润等于该行业商品的总收益减去总成本，根据劳动价值论，商品价值是由投入劳动量决定的，假定行业 i 生产的产品为 i，产量为 q_i，行业 i 的利润表达式为

$$\pi_i = p_i q_i - q_i \sum_{j=1}^{n} a_{ij} p_j \quad (i = 1, 2, 3, \cdots, n) \tag{7}$$

式中，$\sum_{j=1}^{n} a_{ij} p_j$ 为生产一单位 i 投入的 j 产品的单位价格量，与产量的乘积为商品 i 的总成本。

商品 i 的产量与生产技术和劳动投入有关系，令 $q_i = \tau l_i$，边际利润为投入每增加一单位时利润的增加量，则

$$\frac{\partial \pi_i}{\partial l_i} = \frac{\partial \left(p_i q_i - q_i \sum_{j=1}^{n} a_{ij} p_j \right)}{\partial l_i} \tag{8}$$

将前面的 $p_i = \dfrac{\sum_{i=1}^{n} p_i q_i}{L} \lambda_i^*$, $q_i = \tau l_i$ 代入,得

$$\frac{\partial \pi_i}{\partial l_i} = \frac{\partial \tau l_i \left(\dfrac{\sum_{i=1}^{n} p_i q_i}{L} \lambda_i^* - \sum_{j=1}^{n} a_{ij} \dfrac{\sum_{j=1}^{n} p_j q_j}{L} \lambda_j^* \right)}{\partial l_i} \tag{9}$$

$$\frac{\partial \pi_i}{\partial l_i} = \frac{\sum_{i=1}^{n} p_i q_i}{L} \frac{\partial \tau l_i (\lambda_i^* - \sum_{j=1}^{n} a_{ij} \lambda_j^*)}{\partial l_i} = \frac{\text{GDP}}{L} \tau (\lambda_i^* - \sum_{j=1}^{n} a_{ij} \lambda_j^*) \tag{10}$$

(10)式右边之所以得出此结论,是因为对于整个社会来说,任何一个行业投入的增加或者减少不会改变整个社会价格总额和劳动的总投入。行业的边际利润率等于行业的边际利润与投入资本的比例:

$$r_i^* = \frac{\partial \pi / \partial L_i}{\sum_{i=1}^{n} a_{ij} p_j} = \frac{\text{GDP}/L \, \tau (\lambda_i^* - \sum_{j=1}^{n} a_{ij} \lambda_j^*)}{\text{GDP}/L \sum_{j=1}^{n} a_{ij} \lambda_j^*} = \frac{\tau (\lambda_i^* - \sum_{j=1}^{n} a_{ij} \lambda_j^*)}{\sum_{j=1}^{n} a_{ij} \lambda_j^*} \tag{11}$$

比较 r^* 和 r 我们发现,两种利润率的影响因素差异之处在技术水平 τ ,我们把 τ 称为劳动产出系数,影响它的因素主要是生产技术。平均利润率的影响因素是单位商品价值量,而边际产品利润率的影响因素除了单位产品价值量外,还包括劳动产出系数,在单位产品价值量确定的情况下,劳动产出系数还会产生变化,因此仍然会出现资源流动。当 $\tau = 1$,资源配置达到最优化,也就是说将不会出现资源流动,如果资源流动,其在某一行业减少所带来的利润的损失

将会大于另一行业增加所带来的利润增量,因此利润最大化的企业是不会这样做的;当 $\tau > 1$ 时,边际利润率将大于平均利润率,这时候尽管利润已经平均化了,但是由于资源增加所带来的利润增量将会大于资源下降所带来的利润的减少,资源重新配置从而是有效率的。可以这样来理解,在实际中,尽管已经实现了利润平均化,单位资本获得了相同的利润,但是整个经济系统并没有达到一般均衡,还存在着"资本积累的基本矛盾,即剩余价值生产和剩余价值实现的矛盾"[①]。不同行业之间的资源流动可以延伸到两大部类之间的流动,将在下一章作详细分析。

---

① 孟捷、冯金华:《非均衡与平均利润率的变化:一个马克思主义分析框架》,《世界经济》2016 年第 6 期。

第四章

单位劳动价值量决定的资源配置

第一节　新模型与投入—产出模型比较分析

一、投入—产出模型相关理论及其影响因素

资源流动涉及各个部门或产业相互之间供给和需求的关系,以及各部门或产业间以各种投入品和产出品为连接纽带的技术经济联系。这里的投入品和产出品可以是实物形态,也可以是价值形态;那么它们之间的技术经济联系方式也应该以两种形态存在,何种情况下以实物形态分析,何种情况下以价值形态分析,要根据我们研究问题的具体需要。对于一般用实物形态表现方式难以计量的,价值形态的联系方式可以从量化比例的角度得以解决。

如何系统、完整、清晰和定量地描述部门或产业关系,以反映技术经济之间的联系和平衡,里昂惕夫的投入—产出模型为我们解决这个问题提供了最好的工具。

20世纪30年代,美国经济学家里昂惕夫在瓦尔拉斯一般均衡理论的基础上提出了投入—产出模型(部分教科书上认为该模型的理论渊源是建立在马克思再生产理论上,笔者认为该种说法不准确,里昂惕夫本人也指出该模型来自新古典经济学的一般均衡理论,只不过后来一些经济学家利用此模型解释马克思再生产理论获得很大优势),编制了投入—产出分析表,其目的是研究美国经济系统各部门之间和社会再生产过程的数量联系方法,使经济各部门之间、各部门内部保持数量的均衡,实现经济按比例、协调发展。目前投入产出法已在世界范围内广泛应用,联合国已把投入产出法规定为会员国的国民经济核算体系中的一个重要组成部分。投入—产出模型对经济的分析分别是从经济系统价格和经济系统价值(结构)两个方面的均衡,来研究资本在不同部门行业之间的流动。这里"投入"是指每个部门从其他各部门购进的用于消耗的物品和劳务,"产出"是指每个部门生产并售给其他各个部门的产品。

里昂惕夫的投入—产出模型可用来分析在均衡状态下各个部门产品之间的实物(数量)和价值的相互依赖关系。由于整个经济系统相当于一个大的部门,每个部门之间是相互协作、相互联系的。同样,商品与商品之间也存在这种关系:每一种商品的生产需要其他商品作为中间投入,其他商品的生产也需要这种商品的投入,因此,要使整个社会协调发展,就要求把社会资源配置合理地分配到不同的部门或企业中,以使稀缺资源得到最有效的利用。

里昂惕夫的投入—产出分析表的行向量代表不同商品之间的数量关系,并且根据商品在生产中作用的不同将它们分为两部分:一部分表示生产的产品作为中间消耗提供给其他部门用于其他产品(包括自身)的生产和消费,另一部分是直接提供给消费者消费需求和积累需求,两部分之和为某种产品的总产出量,其表示生产的产品等于社会对该产品的需求。列向量给出不同商品之间的价格或价值之间的数量关系,也包括两部分:一部分代表生产某种产品需要投入其他产品的价格关系,称之为投入的价格总量;另一部分是利润总量,两部分之和为该种商品的总价格量。

投入—产出分析表对技术经济解释的特殊优势使其在一些经济理论的发展中起了很大的推动作用。其中最著名的一个应用是对马克思再生产理论的分析,波兰经济学家奥斯卡·兰格对之给出高度的评价,他认为投入—产出分析表是马克思再生产理论的进一步发展。萨缪尔森是第一个把投入—产出分析表应用到马克思再生产理论中去的经济学家。1957 年,萨缪尔森在《工资与利息:马克思主义经济模式与现代解析》一文中,将马克思两大部类简单再生产图式改造为投入—产出分析表。萨缪尔森是在马克思价值已经转形即利润平均化条件下,研究两大部类的可变资本与不变资本之间的关系。但是我们发现萨缪尔森投入—产出分析表也存在很多局限性:其一,要求两大部类剩余价值为零,工人的全部劳动都是以工资的形式返还给工人,不存在剥削;其二,假定工人不参与消费,第 Ⅱ 部类生产的消费品全部供资本家消费;其三,无法表达马克思简单再生产两大部类的交换条件,这就使其无法准确地反映马克思再生产理论。

由于萨缪尔森投入—产出分析表存在以上不足,后来的一些学者在此基础上不断地对萨缪尔森的结论进行完善。在这方面做得比较成功的是张忠任(2004),他在《百年难题的破解——价值向生产价格转形问题的历史与研究》一书中对萨缪尔森的再生产进行修正,将增值的部分分为可变资本和不变资本,将总投入和总产出相等作为投入—产出分析表的一个条件,这样可以满足马克思简单再生产的条件和两大部类的价值构成。但是我们发现,这个投入——产出分析表又回到了马克思的再生产图表中去了,他把投入——产出分析表的优势又同时抛弃了,而且把萨缪尔森给出的"利润平均化"这个前提条件放弃了。其实由于马克思是研究两大部类资本如何由不均衡通过在部类内部及部类之间资源的流动达到均衡的,其研究的前提条件就是利润平均化。

总结一下投入——产出模型,我们发现其优势是解决了马克思对基本品和消费品,也就是马克思第Ⅰ部类和第Ⅱ部类产品分类的模糊部分,将整个经济体系分成任意多个部门。因为有些物品根据马克思的分类法既有可能是第Ⅰ部类,也有可能是第Ⅱ部类,比如我们使用的煤,当用在工业发电时就应该是基本品,但是如居民用来做饭取暖时就应该是消费品,也就是说一部分作为基本品,一部分作为消费;而投入——产出模型只讨论不同产品之间的相互关系而不论是基本品还是消费品,它们只要满足是用于交换的物品就可以了。另一个优势同时也是其又一创新之处,即把生产函数作为线性函数来研究,为我们对微观经济或者宏观整个经济研究带来很大的便利。投入——产出模型把马克思再生产(准确地说应该是简单再生产)模型从理论上研究发展到经验性的分析中,是对马克思再生产理论的发展。但是投入——产出模型却完全忽略了马克思再生产的核心部分即货币回流规律,对于这项工作的补充也是我们后人要努力的方向。

二、新模型与投入——产出模型之间的关系

前面已经讨论了投入——产出模型很好地表现了不同部门产品之间的相互依赖关系。要使社会生产能够顺利地进行下去,就需要把资源在不同部门按照

一定的比例分配以实现社会有效需求等于供给,这样既满足数量上的均衡,同时也满足了在结构上或者是价值上的均衡。需要注意的是,我们这里谈到的资源分配是按照市场规律自由流动实现的,没有垄断和政府管制,交易成本为零。里昂惕夫早前也是将其投入—产出分析表作为在新古典经济学的一般均衡基础上存在的,表现为投入等于产出。更加详细地说,就是分配给其使用的劳动量恰好等于所有部门所生产的产品总量,生产的产品价值量等于消费的产品价值量。但是如果生产出来的产品销售不出去,或者需求的产品无法购买,即处在市场失衡状态,这时投入—产出模型就失去了市场环节,这也是投入—产出模型使用的局限性。

下面将投入—产出模型中表示的产品相互依赖关系进行具体数量分析。由于马克思的总产出 = 中间需求 + 最终需求,其结构为

$$X_1 = X_{11} + X_{12} + \cdots + X_{1n} + Y_1$$

$$X_2 = X_{21} + X_{22} + \cdots + X_{2n} + Y_2$$

$$\cdots\cdots$$

$$X_n = X_{n1} + X_{n2} + \cdots + X_{nn} + Y_n$$

$X_{ij}(i,j = 1,2,\cdots,n)$ 表示生产商品 j 投入的 i 的数量,以上关系式可以改写为

$$X_1 = \frac{X_{11}}{X_1} X_1 + \frac{X_{12}}{X_2} X_2 + \cdots + \frac{X_{1n}}{X_n} X_n + Y_1$$

$$X_2 = \frac{X_{21}}{X_1} X_1 + \frac{X_{22}}{X_2} X_2 + \cdots + \frac{X_{2n}}{X_n} X_n + Y_2$$

$$\cdots\cdots$$

$$X_n = \frac{X_{n1}}{X_1}X_1 + \frac{X_{n2}}{X_2}X_2 + \cdots + \frac{X_{nn}}{X_n}X_n + Y_n$$

设 $a_{ij} = \dfrac{X_{ij}}{X_j}$（$i = 1,2,\cdots,n$；$j = 1,2,\cdots,n$），$a_{ij} \geqslant 0$，$a_{ij}$ 表示生产一单位 j 需投

入 i 单位的数量,于是,

$$X_1 = a_{11}X_1 + a_{12}X_2 + \cdots + a_{1n}X_n + Y_1$$

$$X_2 = a_{21}X_1 + a_{22}X_2 + \cdots + a_{2n}X_n + Y_2$$

$$\cdots\cdots$$

$$X_n = a_{n1}X_1 + a_{n2}X_2 + \cdots + a_{nn}X_n + Y_n$$

可用矩阵形式表示为

$$\begin{bmatrix} X_1 \\ X_2 \\ \vdots \\ X_n \end{bmatrix} = \begin{bmatrix} a_{11} & a_{12} & \cdots & a_{1n} \\ a_{21} & a_{22} & \cdots & a_{2n} \\ \vdots & \vdots & \vdots & \vdots \\ a_{n1} & a_{n2} & \cdots & a_{nn} \end{bmatrix} \begin{bmatrix} X_1 \\ X_2 \\ \vdots \\ X_n \end{bmatrix} + \begin{bmatrix} Y_1 \\ Y_2 \\ \vdots \\ Y_n \end{bmatrix}$$

进一步可简化为,$X = AX + Y$ 或 $(I - A)X = Y$,X 表示总产出或者总供给,Y 表示最终需求,A 表示为投入矩阵。该式表示总产品减去中间过程消费的产品等于最终产品,即总需求等于总供给,市场达到均衡。影响投入矩阵 A 的因素有很多,包括技术水平、管理水平、部门内部的资源配置结构、价格的均衡变动以及投入品和产出品的有效利用等。矩阵 A 的任意元素都是非负数,矩阵的列和小于 1,一种产品产量除了要满足中间过程生产的需要,还需要满足部门最

终消费的需要。

将上式再进一步变形整理,得

$$X = (I - A)^{-1}Y$$

其中 $(I - A)^{-1}$ 叫作里昂惕夫逆系数矩阵,反映的是各产业部门产品的最终需求对产业部门产品总产出的影响,利用该矩阵中的元素可以计算出各产业部门的感应度和影响力,从而根据各产业部门之间的关系规划各产业部门的发展。从价值角度对投入—产出分析表进行分析,由于不同部门,尽管其产品的使用价值千变万化,但是其价值却是完全一样的,都是由社会必要劳动时间决定的,因而可以在量上比较大小。因为对于质的差别,只是在使用价值上,而交换价值表现为量的差别。这里量的差别就是价值量,产品交换的原则要求以价值量为标准,实行等价交换。决定单位商品价值量的第二种含义的社会必要劳动时间是把必要的劳动量使用在不同商品上,而这个必要劳动量就是里昂惕夫投入—产出分析表中总产出的价值,包括生产其他产品和它的本身需求以及最终需求(这里最终需求包括投资需求和消费需求)。单位劳动价值量是指单位实际劳动投入实现的社会必要劳动量,因此投入—产出分析表实际上是我们建立新模型的一个补充。它是从静态角度来研究资源配置背后的价值基础。它假定整个社会经济已经实现最优,达到一般均衡,这时各个部门产品在数量和价值上产生相互依赖关系。其实这也为我们解决西方经济学中边际效益等于边际成本这个理论现实化提供了一个工具。另外,投入—产出模型在如国际贸易、区域规划、教育规划、卫生保健,甚至环境污染、收入分配等方面也获得了很大应用。

单位劳动价值量是在单位商品价值量的基础上得出的权衡任意部门或者

产业生产商品的效率高低的一个标准,或者是比较任意部门之间或者部门内部不同企业效率的大小,是从价值角度来研究资源配置效率的,它是资本流动过程的动态表述。其表达式为

$$\mu_i = \frac{\lambda_i^* q_i}{l_i} = \frac{p_i q_i}{l_i \sum_{i=1}^{n} p_i q_i} L$$

这里需要强调的一点是,我们平时所说的利润率与单位劳动价值量之间的关系。尽管有时利润率也可以反映资源配置效率,但是它与单位劳动价值量还是存在很大的差别:首先,单位劳动价值量是反映部门或企业生产效率的高低,是生产效率的充要条件;利润率是反映部门和企业剩余价值率的大小,是生产效率的必要条件。其次,单位劳动价值量是度量价值的标准,反映利润率变化的价值基础;利润率是度量价格的标准,是单位劳动价值量变化的货币表现。最后,一个部门或者行业的利润率在数量上表示为该行业的利润与成本的比值,行业的成本等于劳动的价格(工资)与劳动的数量乘积。其表达式为

$$r_i = \frac{p_i q_i - w l_i}{w l_i}$$

式中, w 表示工资①,把 μ_i 代入利润率的表达式中,得

$$r_i = \frac{\dfrac{\sum_{i=1}^{n} p_i q_i}{L} \mu_i l_i - w l_i}{w l_i}$$

---

① 由于本书所说的劳动并非仅仅只是简单劳动,也包括复杂劳动和物化劳动,所以这里劳动的价格或工资也并非只是简单的活劳动工资,还包括所有其他投入要素的成本。

消去 l_i 得出用单位劳动价值量表示的利润率：

$$r_i = \frac{\dfrac{\sum\limits_{i=1}^{n} p_i q_i}{L} \mu_i - w}{w}$$

$$\frac{\partial r_i}{\partial \mu_i} = \frac{\sum\limits_{i=1}^{n} p_i q_i}{Lw} > 0$$

r_i 与 μ_i 成正比变化关系。

结论：单位劳动价值量大小是资源配置效率高低的充要条件，是从价值角度反映的；利润率大小是资源配置效率高低的必要条件，是从价格角度来反映的。

比较投入—产出分析表与单位劳动价值量可以发现，两者除了价值和价格的角度不同，它们之间还存在一种互补关系。投入—产出分析表是从静态角度讨论当经济系统达到均衡时不同部门产品之间的数量或价值量之间的关系，讨论的前提条件是整个经济已达到均衡的稳定状态，不涉及时间序列；而单位劳动价值量是从动态角度研究资本是如何流动以达到均衡，也就是说资本流动的价值基础是什么，向哪个部门流动，着重考察资本配置的客观因素，当不同部门或企业单位劳动价值量相等时，此状态就是资源配置最优状态。如果研究资源配置最优状态下部门产品之间相互依赖的数量关系时，就需要借助投入—产出分析表。投入—产出分析法是把经济理论变成现实最有用的工具，我们在日常生活中尽管知道生产部门和企业之间是相互联系、相互依存的（当然部门和企业之间的依存实际上就是它们生产的产品之间的依赖关系），但是我们不清楚它们是如何依存，它们之间数量上有什么关系，一种商品数量的变化如何影响其他产品的数量,等等,投入—产出模型为我们回答了这些问题。产品投入技术系数的变化,影响着单位商品价值量,单位商品价值量的变化通过该种商品的价格变化表现出来,而价格升降影响利润率的变化,从而导致资源的流动。利润率变化背后的价值基础是单位劳动价值量的变化。后面我们将会谈到经济结构的调整,那么调整到哪种状态表示资源配置达到最优,从投入产出上说就是一种产品的总产量恰好满足其他产品的中间要求和消费对该产品的需求;通过比较不同部门和企业的单位劳动价值量的大小,以此确定是否还存在资源流动,更重要的是单位劳动价值量也是分析资源流动的背后经济客观原因,即资源配置的价值基础。

三、两种模型的局限性

投入—产出模型主要描述产业间的二元关系,认为只要产业部门之间存在物质交换,不同产业之间就将具有关联关系,表现为直接交换,但是一旦出现超过买和卖的多元关系,它们之间就表现为非常复杂的信息结构,这时候投入产出法的作用就无法显示出来。对于单位劳动价值量中的实际投入的劳动,此处为了问题的简化都假定可以转化为同质的简单劳动,实际上,复杂劳动转化为简单劳动是一门非常复杂的过程,现在学术上已将它作为一门专门的科学进行研究;另外,对于单位劳动价值量在经验性研究中如何量化问题,以上模型在应用上还会受到限制,还需要后来学者的深入研究。

第二节 新模型决定两大部类资源流动平衡状态分析

西方经济学的资源配置建立在资源稀缺性基础上。由于这种稀缺性的资源具有多种用途,并且不同用途其预期收益也不相同,作为追求利润最大化的经营者总是趋向于选择能够给自己带来最大收益的用途。同样,作为资源同时也满足边际报酬递减规律,追求利润最大化者将会对资源在各种用途上进行替代性选择使用,以使资源在各种替代性用途上进行调整。当经济资源在各种替代性用途上的边际收益相等,这时资本家的利益达到了最大化,从而实现了一般稳定的均衡。

马克思在《资本论》中对资源配置的研究主要体现在社会总产品的实现条件及其剩余价值在不同形式资本的分配,也就是实现利润率平均化的两个方面。马克思在研究中把整个社会总产品从物质形态和价值形态上进行分类来研究资源配置实现情况,也就是生产资料和消费资料的实现,生产资料是"具有必须进入或至少能够进入生产消费的形式的商品";消费资料是"具有进入资本家阶级和工人阶级的个人消费的形式的商品"。表现为将社会总产品分为不变资本、可变资本及剩余价值三大部分之间的价值补偿。马克思资源最优配置的标准是社会总产品的实现,即获得实物补偿和价值补偿。

一、资本流动价值分析

资本为什么流动,如何流动,马克思早就给出了理论上的分析。

马克思明确指出,资本存在的目的就是榨取更多的剩余价值(或者说追求更多的利润)。马克思指出,"但是资本会从利润率较低的部门抽走,投入利润率较高的其他部门。通过这种不断的流出和流入,总之,通过资本在不同部门之间根据利润率的升降进行的分配,供求之间就会形成这样一种比例,使不同的生产部门都有相同的平均利润,因而价值也就转化为生产价格"。

可以看出,资本流动是马克思研究利润平均化的基础,尽管马克思在接下来的论述中并没有对资本流动进行专门的研究。作为对马克思的一个补充,我们将把资本的动态流动作为我们研究问题的核心。而资本在不同部门流动的动因是部门间或部门内单位劳动价值量存在差距(或部门间及部门内利润率存在差距;由于利润率相同资源可能存在流动,在自由竞争条件下,利润率不同肯定存在资源流动,下文假定单位劳动价值量与利润率同等地位)。

不同部门利润率存在差别主要有以下几个因素:①技术水平的差异。"在其他条件不变的情况下,利润率会随着有机构成的提高而降低,随着有机构成的降低而提高。"也就是说,可变资本占不变资本的比例越大,利润率就越高,否则相反。②部门价值实现的时间差异。在其他条件不变的情况下,利润率与价值实现时间成反比。另外,利润率还与部门劳动者素质及剩余价值率有关。一般来说,劳动者素质越高的部门,剩余价值率较大,利润率较高;劳动者素质越低的部门,剩余价值率较低,利润率也较低。利润率的差距导致资本流入或者流出,并且流入流出量的大小取决于部门利润率与整个经济平均利润率的差距:部门利润率与平均利润率差距越大,流动的量越大;部门利润率大于平均利润率,资本流入;小于平均利润率,资本流出。还需要各部门之间不存在资本进出的障碍,在资本自由流动的条件下,资本作为利润最大化的追求目的,必然寻求利润高的部门投资。一旦某个部门或者行业利润率下降,资本将会流出;某个部门或行业利润率上升,将会出现资本流入。资本流入部门由于规模增大,根据边际收益递减规律,规模的增大将会导致其利润率的下降;同样,资本流出部门会随着规模的降低利润率开始上升,这样反反复复地一步一步地转移,最终将会实现各部门的利润率相同,也就是马克思所说的等量资本获得等量利润。

在整个社会化大生产中,不同部门企业千差万别,因此资本有机构成不同,在相同的剩余价值率下表现为不同的利润率,这就为资本的流动提供了基础。

但是要把社会再生产理论应用到现实经济,真正满足经济系统部门内部或部门之间资源流动,以满足有限资源最大效率利用,还需要更加具体地分析各个生产部门的产品在实物和价值上的相互依赖关系,我们提出的新模型和投入—产出分析法为解决这个问题提供了可能。

"竞争首先在一个部门内实现的,是使商品的不同的个别价值形成一个相同的市场价值和市场价格。但只有不同部门的资本的竞争,才能形成那种使不同部门之间的利润率平均化的生产价格。这后一过程同前一过程相比,要求资本主义生产方式有更高的发展。"也就是说,按照社会发展规律,资本流动首先应该在内部调整,然后才可能在不同部门之间调整。因此,本研究将以马克思两大部类为目标,以劳动价值论为基础,在完全竞争条件下,利用单位劳动价值量和投入—产出模型分析资源在部类内部和部类间流动,以实现资源的最优配置。当部类内部和部类间达到社会最优时,资源得到最大化利用,整个社会经济也将会实现持续增长。

二、两大部类内部资源流动的平衡分析

(一)单位劳动价值量与利润率之间的联系

人类社会发展历史告诉我们,人类要生存发展,必须首先满足生活需要,这就要求社会首先生产消费物品,在满足生存需要的前提下才可以进行生产需要,这也是我们从消费资料生产开始研究的一个原因。我们假设作为消费资料生产的第Ⅱ部类有两个部门,每个部门只生产一种商品,当生产达到均衡时,两部门将不再发生资本流动或相对静止,没有一个部门愿意增加或者减少投入,从而两个部门都实现了利润最大化。但是,西方主流经济学家包括马克思本人等都认为这种相对静止的均衡是"刀尖"上的均衡,只要经济出现哪怕一点点波动,就会引起资本的大量运动。就某一个部门来说,将会出现资本不停地流入或流出。当然,这种流动也符合经济社会的发展规律。通过资本不断地流入或流出,推动社会经济不断由低级向高级、由简单向复杂发展。我们将在技术进步条件下就资本动态流动作详细的分析。

上一章我们研究了单位商品价值量的表达形式,部分学者又把它称为"冯金华方程",该方程解决了关于西方经济学中价格与马克思经济学中价值之间的数量关系(政治经济学中重大的转形问题)。由于西方经济学研究资源配置是以价格(准确地说是均衡价格)作为变量,从而为我们提供了利用单位商品价值量来解决资源最优配置的可能性。单位商品价值量的表达式为

$$\lambda_i^* = \frac{p_i}{\sum_{i=1}^{n} p_i q_i} L \quad (i = 1, 2, \cdots, n)$$

对上式变形,我们可以得出:

$$p_i = \frac{\lambda_i^* \sum_{i=1}^{n} p_i q_i}{L}$$

其中 λ_i^* 为单位商品的实现价值量,p_i 表示达到均衡时商品 i 的价格(均衡价格),L 为社会全部投入的劳动量(或者是社会总产品的价值量。这里假定社会总劳动包括所有的活劳动和物化劳动,其中活劳动又包括简单劳动和复杂劳动,复杂劳动和物化劳动可以通过某种形式转化为任意倍数的简单劳动,也就是说,所有的劳动都可以通过某种方式转化为"同质"的简单劳动,加总后就是总的劳动量 L,等于社会总产品的价格总量)。我们还假定整个社会活动是在完全竞争的条件下进行,任何某一个企业单独改变产量不会影响社会总价格。

同样,我们上节也讨论了关于决定资源配置是否有效率及效率高低的标准的单位劳动价值量。单位劳动价值量表达式为

$$\mu_i = \frac{\lambda_i^*}{l_i / q_i} = \frac{\lambda_i^* \, q_i}{l_i}(i = 1, 2, \cdots, n)$$

式中 l_i 表示部门 i 实际投入的劳动量,也称为价值形成量,表达式中第二个等号右边的分子是该部门生产的总产品的价值量,即价值的实现量。因此,单位劳动价值量实质上表示任意一种产品单位实际投入的劳动所实现的社会必要价值量。由于对于任何商品来说,其价值量在本质上是统一的,都是生产该种产品的社会必要劳动时间,没有质的区别,只有在量上存在大小。一单位实际投入的劳动所实现的社会必要价值量大,相对于其他部门其在单位时间内所创造的总价值量(指被社会承认的,也就是实现的价值量)就大,其效率必然高;同样,投入一单位实际劳动实现的社会必要价值量小,则其效率低。当然,这里

的实际投入的劳动我们同样假定可以通过某种形式转化为简单劳动,所以两个部门比较其效率公式为

$$\frac{\lambda_i^* q_i}{l_i}(> < =) \frac{\lambda_j^* q_j}{l_j}(i,j = 1,2,\cdots,n)$$

假定生产消费品部类有两个部门,我们称为 A 部门和 B 部门,并且每个部门分别只生产一种消费品 a 和 b。当整个生产达到均衡时,利用商品的单位劳动价值量公式可得出商品 a 和 b 的单位商品价值量分别为

$$\lambda_a^* = \frac{p_a}{\sum_{i=1}^n p_i q_i} L$$

$$\lambda_b^* = \frac{p_b}{\sum_{i=1}^n p_i q_i} L(i = 1,2,\cdots,n)$$

同样,当市场达到一般均衡时,等量资本获得等量利润,实现了剩余价值在社会的平均分配,从而全社会实现了利润平均化,形成了一般利润率,一般利润率的表达式为

$$p_i q_i = (1 + r_i) q_i \sum_{j=1}^n a_{ij} p_j(i = a,b;j = 1,2,3,\cdots,n)$$

式中,p_i,a_{ij} 表示的含义与前面相同,a_{ij} 与其价格的乘积即生产 i 需要投入 j 的总价格量,$\sum_{j=1}^n a_{ij} p_j$ 即生产一单位 i 的总成本。对上式进行变形,得

$$r_i = \frac{p_i - \sum_{j=1}^n a_{ij} p_j}{\sum_{j=1}^n a_{ij} p_j}(i = a,b;j = 1,2,\cdots,n), r_a = r_b$$

首先我们研究一下平均利润率与单位商品价值量之间的变化关系。

由单位商品价值量 $\lambda_i^* = \dfrac{p_i}{\sum\limits_{i=1}^{n} p_i q_i} L$，$p_i = \dfrac{\lambda_i^* \sum\limits_{i=1}^{n} p_i q_i}{L} = \dfrac{\lambda_i^* \text{GDP}}{L}$，可以将平

均利润率用价值的形式表示出来：

$$r_i = \frac{p_i - \sum\limits_{j=1}^{n} a_{ij} p_j}{\sum\limits_{j=1}^{n} a_{ij} p_j} = \frac{\lambda_i^* \text{GDP}/L - \sum\limits_{j=1}^{n} a_{ij} \lambda_j^* \text{GDP}/L}{\sum\limits_{j=1}^{n} a_{ij} \lambda_j^* \text{GDP}/L}$$

$$= \frac{\lambda_i^* - \sum\limits_{j=1}^{n} a_{ij} \lambda_j^*}{\sum\limits_{j=1}^{n} a_{ij} \lambda_j^*}$$

$$\frac{\partial r_i}{\partial \lambda_i^*} = \frac{\partial \left[(\lambda_i^* - \sum\limits_{j=1}^{n} a_{ij} \lambda_j^*)/\sum\limits_{j=1}^{n} a_{ij} \lambda_j^* \right]}{\partial \lambda_i^*}$$

$$= \frac{\partial (\lambda_i^* / \sum\limits_{j=1}^{n} a_{ij} \lambda_j^* - 1)}{\partial \lambda_i^*}$$

$$= \frac{\sum\limits_{j=1}^{n} a_{ij} \lambda_j^* - \lambda_i^* \partial \sum\limits_{j=1}^{n} a_{ij} \lambda_j^* / \partial \lambda_i^*}{(\sum\limits_{j=1}^{n} a_{ij} \lambda_j^*)^2} = \frac{\sum\limits_{j=1}^{n} a_{ij} \lambda_j^* - \lambda_i^* a_{ii}}{(\sum\limits_{j=1}^{n} a_{ij} \lambda_j^*)^2}$$

$(\sum\limits_{j=1}^{n} a_{ij} \lambda_j^*)^2 > 0$，$\dfrac{\partial r_i}{\partial \lambda_i^*}$ 的符号取决于 $\sum\limits_{j=1}^{n} a_{ij} \lambda_j^* - \lambda_i^* a_{ii}$，该式表示生产一

种商品所消耗的其他所有商品(包括它自己本身)价值总和或者说该种商品总的价值与生产该种商品所消耗它本身价值之差,其结果必须大于零,不然生产该种商品毫无意义,即

$$\frac{\partial r_i}{\partial \lambda_i^*} > 0$$

结论：平均利润率与单位商品价值量之间成正比例（同向）变化关系，即单位商品价值量增加，则平均利润率也将增加；单位商品价值量减小，则平均利润率也将减小。

（二）利润率与技术进步的关系

现在我们来研究当发生技术变化时，利润率是如何随着技术变化而发生改变的。

假定在 A 部门由于创新发生技术变化的情况，其生产技术 t 提高，在马克思看来，通过资本流动，生产资料和劳动力在不同部门之间转移（生产资料和劳动力合称为社会资源），从而引起不同部门的生产规模发生变化。生产规模变化，引起产品供求关系、产品价格和利润发生变化。利润率低的部门，由于资本流出，生产规模缩小，产品供不应求，导致产品价格上升，引起利润增加。利润率高的部门，由于资本的流入，生产规模扩大，产品供过于求，导致产品价格下降，引起利润减少。各部门最终再次实现利润率相同。由此可以看出，随着部门生产规模的不断变化，引起产品供求关系、产品价格、利润发生变化，一直到各部门利润率相同，变化的前提是技术变化引起部门有机构成和利润率的不同，追逐利润最大化的目的引起生产资料和劳动力在部门内转移。我们可以利用前面的新模型推导一个部门的利润率是如何随着技术的变化而变化的。将平均利润率对技术求导，得

$$\frac{\partial r_i}{\partial t} = \frac{\partial \left(\dfrac{p_i - \sum\limits_{j=1}^{n} a_{ij}\, p_j}{\sum\limits_{j=1}^{n} a_{ij}\, p_j} \right)}{\partial t} = \frac{\partial \left(\dfrac{p_i}{\sum\limits_{j=1}^{n} a_{ij}\, p_j} - 1 \right)}{\partial t}$$

将 $p_i = \dfrac{\lambda_i^{*} \sum\limits_{i=1}^{n} p_i\, q_i}{L}$ 代入上面的求导公式，从而得出用价值表示利润率的形

式，并化简，得

$$\frac{\partial r_i}{\partial t} = \frac{\partial \left(\dfrac{\lambda_i^{*} - \sum\limits_{j=1}^{n} a_{ij}\, \lambda_j^{*}}{\sum\limits_{j=1}^{n} a_{ij}\, \lambda_j^{*}} \right)}{\partial t}$$

$$= \frac{\dfrac{\partial \left(\lambda_i^{*} - \sum\limits_{j=1}^{n} a_{ij}\, \lambda_j^{*} \right)}{\partial t} \cdot \sum\limits_{j=1}^{n} a_{ij}\, \lambda_j^{*} - \dfrac{\partial \sum\limits_{j=1}^{n} a_{ij}\, \lambda_j^{*}}{\partial t} \cdot \left(\lambda_i^{*} - \sum\limits_{j=1}^{n} a_{ij}\, \lambda_j^{*} \right)}{\left(\sum\limits_{j=1}^{n} a_{ij}\, \lambda_j^{*} \right)^2}$$

$$= \frac{\dfrac{\partial \lambda_i^{*}}{\partial t} \cdot \sum\limits_{j=1}^{n} a_{ij}\, \lambda_j^{*} - \lambda_i^{*} \cdot \dfrac{\partial \sum\limits_{j=1}^{n} a_{ij}\, \lambda_j^{*}}{\partial t}}{\left(\sum\limits_{j=1}^{n} a_{ij}\, \lambda_j^{*} \right)^2}$$

在平均利润率关于技术进步的一阶导数中，由于分母表示生产一单位产品 i 需要耗费的其他产品价值之和的平方，显然大于零，即 $\left(\sum\limits_{j=1}^{n} a_{ij}\, \lambda_j^{*} \right)^2 > 0$，因此，一阶导数符号的正负性取决于分子。当分子大于零时，利润率随着技术进步而提高，平均利润率与技术水平成正比关系；当分子小于零时，其利润率随着技术进步而降低，平均利润率与技术水平成反比关系。另外，当一阶导数等于零时，表示技术进步对利润率没有影响，平均利润率不变。道理很简单，一般来

109

说，一种商品随着技术水平的提高，其均衡价格将下降，根据单位价值量的表达

式 $\lambda_i^* = \dfrac{p_i}{\sum_{i=1}^{n} p_i q_i} L$ ，价格降低，其单位价值量（即单位价值实现量）也将下降，社

会分配给该种商品的总的价值量为 $\Lambda_i = \lambda_i^* q_i$ ，一部分商品随着均衡价格的下

降，或者说随着价格背后的单位价值量的下降，其产量将会增加。但是产量增

加的幅度小于价格下降的幅度，Λ_i 也将下降，假定投入实际的劳动量 l_i 不变，单

位劳动价值量 $\mu_i = \dfrac{\lambda_i^* q_i}{l_i} = \dfrac{\Lambda_i}{l_i}$ 将会随着 Λ_i 的下降而降低，在完全竞争的条件下，

资本就会从该部门流出。当然，随着资本的流出，其产量又会下降，这时价格又

会上升，单位价值量也会上升，利润将会增加，利润率又会上升；流入部门随着

资本的流入，产量增加，价格下降，单位价值量下降，利润将会减少，利润率也将

下降，最终整个社会经过资本不断流动调整，利润率趋向一致，最后达到均衡的

稳定状态。

我们假设：

$$\kappa_i \frac{\partial \lambda_i^*}{\partial t} \cdot \sum_{j=1}^{n} a_{ij} \lambda_j^* = \lambda_i^* \cdot \frac{\partial \sum_{j=1}^{n} a_{ij} \lambda_j^*}{\partial t}$$

将上面等式变形，得

$$\kappa_i \frac{\partial \lambda_i^* / \partial t}{\lambda_i^*} = \frac{\partial \sum_{j=1}^{n} a_{ij} \lambda_j^* / \partial t}{\sum_{j=1}^{n} a_{ij} \lambda_j^*}$$

式中，κ_i 表示比例系数，整理后的等式左边表示技术每变化一单位商品价

值量变化的百分比，右边表示技术每变化一单位时投入价值量变化的百分比，

将等式两边同时除以左项整理,得

$$\kappa_i = \frac{\dfrac{\partial \sum\limits_{j=1}^{n} a_{ij}\lambda_j^*}{\partial t} \Bigg/ \sum\limits_{j=1}^{n} a_{ij}\lambda_j^*}{\dfrac{\partial \lambda_i^*}{\partial t} \Bigg/ \lambda_i^*}$$

令

$$\zeta_i = -\frac{\dfrac{\partial \sum\limits_{j=1}^{n} a_{ij}\lambda_j^*}{\partial t} \Bigg/ \sum\limits_{j=1}^{n} a_{ij}\lambda_j^*}{\dfrac{\partial \lambda_i^*}{\partial t} \Big/ \lambda_i^*} = -\kappa_i$$

ζ_i 表示两者的比例系数的相反数。由于 κ_i 的表达式中的分母是负号,分子是正号,在前面加个负号保证 ζ_i 的值为正,我们把 ζ_i 定义为投入价值技术弹性系数,即表示在发生技术变化时投入价值变化对产出价值变化的敏感程度,也就是说,商品的价值每变化百分之一,投入成本价值变化的百分比。

在西方经济学中,弹性概念主要是为了解释当一种商品价格发生百分之一变化时,其需求量或者供给量的百分比上升或者下降多少,以此为标准来考察如何通过价格变化来获得总收益的增加或减少。由于其以价格作为变量而引起需求量的变化一直到生产者总收益的变化,缺乏客观的价值基础,而投入产出价值弹性是从价值变化开始的,通过价值量的百分比变化引起的成本价值的百分比变化,最终以利润率变化的形式表现出来,这就为西方经济学的价格弹性提供了价值基础。西方经济学中的价格弹性规律背后的客观因素是劳动价值论。根据价格弹性系数的定义,我们将价值技术系数的绝对值与 1 进行比较,将其分为富有价值技术弹性、单位价值技术弹性(或单一弹性)和缺乏价值

技术弹性三大类。由此整个社会总产品按照价值技术弹性可以分为富有弹性产品、单位弹性产品和缺乏弹性产品,分别为 $|\zeta_i|(>=<)1$。

当 $|\zeta_i| > 1$,即该类商品富有价值技术弹性时,将其代入投入产出弹性系数公式,可以得到 $\frac{\partial r_i}{\partial t} < 0$,表示随着技术进步的提高,其产品利润率反而下降,技术进步与该部门或行业利润率成反比。换一句话说,也可以表示当发生技术革新劳动生产率提高时,产品单位成本变化的程度大于其单位价值变化的程度,在完全竞争市场条件下,成本与价格等比例变化。因此,在技术进步条件下,其价格也大于价值的变化,对于该部门或产业来说,提高劳动生产率反使其利润率下降,正如马克思所说的,随着资本有机构成的提高,利润率有下降的趋势。资本追逐利润的动力决定了在技术进步条件下资本有可能从该部门流出或资本家减少对该部门的投资(除了受利润率影响外,同时总利润大小也影响着资本的流动)。这说明富有价格弹性的商品,技术进步会引起该行业利润率下降。富于价格弹性的商品多是非生活必需品或生产品。

当 $|\zeta_i| = 1$,即商品具有单位弹性时,$\frac{\partial r_i}{\partial t} = 0$,这时提高技术,商品的单位价值量的变化率等于因技术进步而引起的单位成本变化率,价格和价值同比例变化,技术进步对该部门利润率没有影响,也就是说该部门提高劳动生产率其利润率不变。这说明单位价格弹性的商品,需求量减少的比例等于价格上涨的比例,价格变化导致的收益不变。

当 $|\zeta_i| < 1$,即商品缺乏弹性时,$\frac{\partial r_i}{\partial t} > 0$,这时提高技术,商品单位价值量的变化率大于因技术进步导致的单位成本价值的变化率,其与成本价值变化趋

势相同的价格的变化小于价值的变化,该部门利润率随着技术进步而增加,劳动生产率与其利润率成正比。因此资本必向该部门流入或者说增加对该部门的投资对资本家来说是有利的。这说明缺乏价格弹性的商品,技术进步会引起该种产品利润率增加。缺乏价格弹性的商品多是生活必需品。

结论:投入价值技术弹性等同于需求价格弹性,它把产品富有弹性、单位弹性和缺乏弹性三类,或者说投入价值技术弹性是需求价格弹性的价值基础,需求价格弹性是投入价值技术弹性的表现形式。

这一点我们可以从单位价值量中看出,在 $\lambda_i^* = \dfrac{p_i}{\sum\limits_{i=1}^{n} p_i q_i} L$ 中,商品单位价值量同时因技术因素变化影响的劳动力的总投入及商品价格的变化而变化。一种商品因技术进步导致成本大幅度提高,那么该产品单位价值降低的幅度就不如单位成本上升的幅度大,当产量增加时,该行业的利润率下降。如果一种商品因技术进步对其成本影响很小,那么该产品单位价值降低的幅度就大于单位成本上升的幅度,这时,当产量增加时,该行业的利润率将上升。

综上,当技术进步引起的商品产量增加对商品价格影响较小时,商品就是缺乏弹性的商品,此时技术进步使行业利润率上升;当技术进步引起的商品产量增加对商品价格影响较大时,商品就是富有弹性的商品,此时技术进步引起该类商品利润率下降。实质上,当商品富有投入产出价值弹性时,其一般也富有价格弹性,技术进步会引起该类商品利润率下降,这些产品一般是指生产资料和非必需生活资料。当商品缺乏投入产出价值弹性时,其一般也缺乏价格弹性,技术进步会引起该类商品利润率上升,缺乏弹性的商品多是生活资料。

(三)资本在部门内部流动

下面我们利用单位价值量进行解释,在第 II 部类内部,当存在技术进步时,单位劳动价值量是如何变化的。为了问题的简化,同样我们也假定该部类只有两个部门,即 A 和 B,每个部门只生产一种产品。

笔者这里说明一下,尽管我们假定第 II 部类只有两个部门,但由于整个经济系统仍然处在完全竞争状态,任何一个部门增加或者减少资本投入对市场价格的影响非常小,可以忽略不计。同样,单独改变产品数量,相对于该种产品总数量来说显得微不足道,从而对整个经济不会产生影响。

现在假定生产商品 a 的部门 A 发生技术进步,生产效率提高了,那么部门 A 的资本是否会出现流动? 如流动,是流入还是流出呢? 或者说是从部门 B 流到部门 A 呢,还是从部门 A 流到部门 B? 这里就要求对商品 a 的价值技术弹性进行研究了:讨论其是富有弹性、单位弹性还是缺乏弹性的商品。如果 a 产品是富有弹性的商品,其技术进步导致单位劳动价值量(或利润率,下同)下降,这时,尽管 A 部门采用新技术后生产效率提高,但是资源仍然会从 A 部门流入 B 部门,为什么会出现这种现象呢? 下面我们通过单位劳动价值量来分析。

在公式 $\mu_a = \dfrac{\lambda_a^* q_a}{L_a} = \dfrac{p_a q_a / L_a}{\sum\limits_{i=1}^{n} p_i q_i / L}$ 中, L_a 表示投入的实际劳动时间,分母中

$\sum\limits_{i=1}^{n} p_i q_i$ 表示整个社会总的价格总量, L 表示投入的总劳动。由于我们假定在完全竞争环境下,社会价格总量和劳动总量保持不变,因此影响单位劳动价值量的因素只有分子中该部门商品的价格总量和投入的实际劳动量。现在发生技术进步导致劳动生产率提高,在投入实际劳动不变的情况下,其价格将下降,产

量将增加;由于商品 a 是富有弹性商品,其产量增加将会导致其均衡价格大幅度下降,产量增加的量小于价格下降的量,因此价格总量将小于技术变化前的价格总量。我们假定发生技术变革后,存在再生产均衡,其单位商品价值量、产量和均衡价格分别为 $\lambda_a^{'*}$,q'_a,p'_a,由于投入产出富有价值弹性商品同时也富有价格弹性,根据富有价格弹性性质可以推出: $p'_a q'_a < p_a q_a$。

因此,当重新达到再生产均衡后,其单位劳动价值量将会低于发生技术进步前期均衡时的单位劳动价值量。假设技术变革后,重新达到均衡时单位劳动价值量为 μ'_a,当我们在假定投入的实际劳动量不变的条件下,将会出现 $\mu'_a <$ μ_a;而在技术变革前的均衡中 $\mu_a = \mu_b$,等量替换后得出 $\mu'_a < \mu_b$。也就是说,重新达到再生产均衡后,部门 A 的单位劳动价值量小于部门 B 的单位劳动价值量,为了追逐更大的利润,生产资料和劳动力将会从部门 A 向部门 B 转移。我们按照等价交换原则,这时由于生产资料和劳动力转移,两个部门的利润率将不再相等,同样,各个部门的生产规模也将发生变化。动态调整过程中,也就是说资本在流动过程中,部门产品供给量和价格的积,即供给总价格量与需求总价格量(社会对产品需求量和价格)的积将随着产品价值技术弹性特征不同而发生相应的变化,最终通过单位劳动价值量的大小比较清楚地显示出来。前面我们是假设商品 a 富有投入产出价值弹性,同样我们也可以假定商品 a 是缺乏价值弹性的,这时候当发生技术改革提高劳动生产率后,其利润率增加,也就是说发生技术进步后成本价值的变化量大于价值的变化量,将会出现 $\mu'_a > \mu_a$。根据 $\mu_a = \mu_b$,最终可以推出 $\mu'_a > \mu_b$,即均衡后的单位劳动价值量大于部门发生技术变革前的单位劳动价值量,资本由于逐利的目的,将会从部门 B 流向部门 A,资本这样缓慢转移要经历一段时间不断调整其价格和产量,其价值的调整是通过价格的变化来实现的。当社会资料和劳动力从部门 B 流出时,其产量将会下降,同时价格将会升高,利润将会提高;流入部门产品产量增加,价格下降,利润下降,这样不断地调整,当"商品按照它们的价值或接近于它们的价值进行交换",重新达到新的均衡。

以上我们假定条件是第 II 部类只有两个部门,且每个部门只生产一种产品的情况,当有多部门或者每个部门产品多于一种的联合生产时,其分析方法与此相似,不影响我们所得出的结论。

(四)利用流动函数对资本在部门内部流动的解释

同样,我们也可以通过建立利润率变化致使资源流动的动态流动函数模型反映其变化规律。一般情况下,我们假定整个经济社会存在任意数量且生产不同产品的生产部门,每个部门只生产一种物品,也就是说是单一生产;在整个资本自由流动和一般均衡形成过程中,社会整体生产规模不变,生产资料总量不变;我们研究的初始状态假定属于稳定状态,此时,形成价值量等于实现价值量;假定工资是外生的,为常量,建立模型如下:

假定在第 t 期下,部门 i 的利润率为 r_i^t,该时社会平均利润率为 r^t,根据利润的定义可以得出

$$r_i^t = \frac{p_i \, q_i - l_i \omega}{l_i \omega}$$

式中,q_i 表示部门 i 在 t 时期的产量,与投入的劳动有关系,我们假定它与投入的劳动成正比,$q_i = \tau l_i$,τ 为劳动产出系数,p_i 为在 t 期达到一般均衡时的价格,由于一个行业或者部门产品的均衡价格取决于这个行业或部门生产的产品数量的大小,因此其产品价格是产量的函数,即产品价格可以表示为产量的

函数,用公式表示为 $p_i = p(q_i)$;l_i 为投入的劳动。根据马克思的劳动价值论,这里的劳动不仅包括物化劳动和部分活劳动,而且包括所有的活劳动,并且假定这些劳动都是同质,可以转化为某种形式的简单劳动;ω 为工人的工资,由于根据假定,任何一个行业增加或减少投入的数量不会显著地改变投入的价格,因此对于任何一个行业或者部门来说,工资是固定不变的,部门的生产成本仅仅只为劳动的函数,即 $l_i\omega$。整个社会在 t 期的平均利润率为

$$r^t = \frac{\sum_{i=1}^{n} p_i q_i - l\omega}{l\omega} (n = 1,2,\cdots,n)$$

由于资本逐利的目的,资源流动与利润率有关系,我们假定 t 时期部门 i 的资本流动率为 k_i^t,且 $k_i^t = k(r_i^{t-1} - r^{t-1})$,当某时期该部门的利润率大于平均利润率时,此时资本将增加,$k_i^t > 0$;同样,当该部门的利润率小于平均利润率时,该部门资本将减少,$k_i^t < 0$。由于在 $t-1$ 期利润率与整个社会平均利润率存在差距,导致资源流动,所以

$$l_i^t = l_i^{t-1}(1 + k_i^t) , \ q_i = \tau l_i = \tau l_i^{t-1}(1 + k_i^t)$$

$$p_i = p(q_i) = p(\tau l_i^{t-1}(1 + k_i^t)) = p(\tau l_i^{t-1}(1 + k(r_i^{t-1} - r^{t-1})))$$

$$r_i^t = \frac{p_i q_i - l_i\omega}{l_i\omega} = \frac{p(\tau l_i^{t-1}(1 + k(r_i^{t-1} - r^{t-1})))\tau l_i}{l_i\omega} - 1$$

$$r_i^t = \frac{p(\tau l_i^{t-1}(1 + k(r_i^{t-1} - r^{t-1})))\tau}{\omega} - 1$$

此函数就是利润率变动趋势函数,在该式中,τ 和 ω 是外生量,我们假定为常量,因此影响利润率变动的就是均衡价格了。在 $t-1$ 期,部门 i 的利润率大于平

均利润率,资本将要从其他部门向该部门流入。在 t 期时,由于资本增加,其产量将会增大,导致价格的下降,因此在 t 期,该部门的利润率将下降。利润率变动函数很清楚地表达了这种变化。

综上,单位劳动价值量大小决定的资源流动趋势与利用平均利润率所建立的流动函数决定的资本流动趋势是一致的。

同样我们也可以假定在第 I 部类内部资源流动情况,其流动情况和在第 II 部类流动情况相同,这里不再赘述。

三、两大部类之间资源流动的分析

对资源在两大部类之间流动的研究,马克思没有专门讨论。只是在论及两大部类商品交换时马克思谈到,价值向生产价格转化时,"竞争使不同生产部门的利润率平均化为平均利润率,并由此使这些不同部门的产品的价值转化为生产价格。而这是通过资本从一个部门不断地转移到利润暂时高于平均利润的另一个部门来实现的"。但是马克思在论述时,也只是泛泛而谈资源的分配标准,对于两大部类之间的流动很少谈到。马克思以后的学者主要也是在对价值转形(价值向生产价格转变)中谈到部门间的资本流动,同样对于两大部类流动讨论的也比较少。

希法亭(1910)在《金融资本》一书中谈到利润平均化时指出,利润率平均化,首先应该发生在各产业部门之间,这是因为每个产业部门的剩余价值与预付资本并不成比例,资本家总是将资本投入利润率高的产业部门,从而出现高平均利润率的部门资本流入,低平均利润率的部门资本流出。

森岛通夫(1973)在《按照现代经济理论研究马克思》一书中讨论价值向生

产价格转化时指出,这个过程(指资本从低平均利润率向高平均利润率流动)不是一次性完成的,而是按照一种迭代的方式,本期投入中有一部分来自上一时期的产出,同样,本期产出中将有一部分作为下期投入。这个迭代的过程也是生产规模调整的过程,最终所有经济都达到了合适的规模。马克思包括后来的学者研究的比较少,或许是因为在价值转形中,假定各部门产出数量和供给不变,资本流动引起的价格变化不会影响部门价格总量,即单位价值技术弹性商品。

两大部类之间资源流动问题的研究,我们是建立在马克思的"两个等量相等"(平均利润总额等于剩余价值总额,生产价格总额等于价值总额)的前提下,从两个体系角度来讨论的。森岛通夫认为,与传统的经济学不同,马克思经济学总存在两个计算体系,一个是以"价值"为单位的计算体系,一个是以"价格"为单位的计算体系。剩余价值属于价值体系,利润率属于价格体系。

以价值为起点的资源流动要求起点为价值,终点也为价值,建立在《资本论(第一卷)》研究的基础上;以生产价格为起点的资源流动规律,起点、终点都为生产价格,是在《资本论(第三卷)》研究基础上推导的。并且其流动又分为一次转移和多次转移两种情况。冯金华证明,对于每种产品,尽管在利润平均化过程完成以前形成的不完全意义的生产价格通常不等于价值,但是当完成利润平均化后形成的完全意义的生产价格一定等于价值,也就是说,利润平均化后生产价格和价值是同一含义。因此生产价格是一个不必要的概念。[①]

笔者赞成冯金华教授的观点,我们认为,对资源在两大部类流动基于两个

---

① 参冯金华:《不必要的生产价格——再论价值转形是一个伪问题》,《经济评论》2009年第4期。

不同的前提条件的研究,在均衡状态或者利润平均化后实际上就是一种,都是以利润平均化为前提,马克思指出:"一切不同生产部门的利润的总和,必然等于剩余价值的总和;社会总产品的生产价格的总和,必然等于它的价值的总和。""两个总量相等"是马克思价值转形的充分必要条件,同时也是解决资源流动问题的关键。我们讨论时也假定某一部类资源流出总量等于流入总量时,资本处于静止状态,这也为我们研究问题带来方便,当然不会影响我们的结论。

现在考虑当某一部类生产发生技术变化的情况。我们也同样假定两大部类只有两个生产部门,分别为生产资本品部门和生产工资品部门,并且资本品部门属于第 I 部类,工资品部门属于第 II 部类。这里资本品和工资品指的是某一类物品,而不是一种物品。由于假定整个社会经济只有两个部门,这时当达到一般均衡后,单位商品价值量(单位价值实现量)的表达式为

$$\lambda_1^* = \frac{p_1}{p_1 q_1 + p_2 q_2}(L_1 + L_2)$$

$$\lambda_2^* = \frac{p_2}{p_1 q_1 + p_2 q_2}(L_1 + L_2)$$

式中,L_i 表示生产第 $i(i = 1,2)$ 种商品所需要的劳动量,该产品单位时间的产出为 q_i。当达到一般均衡时,两个部门在单位时间内生产的商品实现的价值总量与社会必要劳动时间形成的价值量应相等,即可以得出以下等式(λ_i 为单位价值形成量):

$$\sum_{i=1}^{2} \lambda_i^* q_i = \sum_{i=1}^{2} \lambda_i q_i = \sum_{i=1}^{2} L_i$$

接下来,我们来讨论出现非均衡状态。非均衡时存在两种情况:一种是在需求不变的条件下,部类内部自行调整实现均衡。首先来看工资品部门,即第

Ⅱ部类的产品(下标为2)。假定工资品部门在发生技术变革后,单位时间劳动产出能够全部实现,将会出现再生产均衡,根据单位价值量公式,此时满足:

$$\lambda_2' q_2' = \frac{p_2' q_2'}{p_1 q_1 + p_2' q_2'}(\lambda_1 q_1 + \lambda_2' q_2')$$

$$\lambda_1 q_1 + \lambda_2' q_2' = \lambda_1 q_1 + \lambda_2' q_2'$$

式中,λ_2' 表示工资品部门发生技术变革后的价值形成量,λ_2' 表示发生技术变革后与再生产均衡相对应的价值实现量,q_2' 表示技术变革后的单位时间产出,显然有 $\lambda_2' < \lambda_2$,$q_2' > q_2$,但在部类内部调整后满足 $\lambda_2' q_2' = \lambda_2' q_2'$,资本没有在部类间流动。

孟捷、冯金华(2016)指出,在再生产均衡条件下,作为两部门待分配的价值总量 $\lambda_1 q_1 + \lambda_2' q_2'$,取决于在技术进步条件下投入的劳动量。同样,在再生产处于非均衡状态下,即将分配给不同部门的价值总量将会与实际投入的劳动总量不相等,这时决定待分配的劳动总量的因素取决于剩余价值生产和剩余价值实现的矛盾所主宰的最终实现价值量。最终推出在非均衡状态下,工人对工资品的需求的变化量小于由于采用技术变革而导致的供给价值的变化量。[①] 这里存在两点需要说明的情况:一是没有说明发生技术变化后,单位商品价值量和产量的调整是由于资本在两大部类流动而导致的变化;二是没有说明这个结论成立的前提条件,影响资本流动的关键因素是供求关系及其商品价值弹性的大小,而是直接把工资品作为缺乏投入产出价值弹性的商品,当该种商品是缺乏投入产出价值量的弹性物品时,条件显然成立。但是如果该种商品是富有价值

① 参孟捷、冯金华:《非均衡与平均利润率的变化——一个马克思主义分析框架》,《世界经济》2016 年第 6 期。

弹性物品时,其结论就与上述得出的结论相反。

下面我们直接利用单位劳动价值量模型给出资本在两大部类流动的规律的推导过程。

由于我们假定整个社会只有两个部门,此时单位劳动价值量的表达式为

$$\mu_i = \frac{p_i q_i}{l_i \sum\limits_{i=1}^{n} p_i q_i} L = \frac{p_i q_i}{(p_1 q_1 + p_2 q_2) l_i}(l_1 + l_2) \quad (i = 1,2)$$

现在我们假定资本品部门发生技术进步,同时也假定当该部门技术发生变化时,其实际投入的劳动量不变,仍然等于均衡状态下投入的劳动量,对于工资品部门所有的量都不发生任何变化,此时,

$$\mu'_1 = \frac{p'_1 q'_1}{(p_1 q_1 + p_2 q_2) l_1}(l_1 + l_2)$$

$$\mu'_1 = \frac{p'_1 q'_1}{(p'_1 q'_1 + p_2 q_2) l_1}(l_1 + l_2) = \frac{l_1 + l_2}{l_1} \frac{p'_1 q'_1}{p'_1 q'_1 + p_2 q_2}$$

$$= \frac{l_1 + l_2}{l_1} \frac{1}{1 + p_2 q_2 / p'_1 q'_1}$$

资本品由于是一类物品,我们把富有价值技术弹性称为平均富有价值技术弹性,此时,

$$p'_1 q'_1 < p_1 q_1$$

$$\mu'_1 < \mu_1$$

相对于均衡状态,资本将从该部类流出。同样,当资本品为平均缺乏价值技术弹性时,$\mu'_1 > \mu_1$,相对于均衡状态,资本将流入该部类。

第三节 新模型决定的资源配置
与两大部类增长比例问题

一、两大部类增长关系问题的研究历程

上一节讨论了资本在两大部类之间的流动规律。我们发现,在技术进步条件下,决定资本在部类间流动的动因取决于该部类商品的价值技术弹性。我们知道,马克思将社会总产品分为第 I 部类的生产资料和第 II 部类的消费资料目的是研究社会再生产实现条件时的方便,是相对于实体部门来说的。现在问题是,当社会总产品满足社会再生产条件,即资本获得物质和价值补偿时,两部类增长的比例将会如何? 或者说整个经济系统达到均衡时,两大部类增长率的关系是第 I 部类高于第 II 部类,还是等于或者低于第 II 部类增长率?

马克思在考察社会再生产实现问题时,没有涉及对该问题的研究。

列宁于 1893 年秋在《论所谓市场问题》一文中提出,在技术进步和资本有机构成提高的条件下,"增长最快的是制造生产资料的生产资料生产,其次是制造消费资料的生产资料生产,最慢的是消费资料生产"。列宁指出,该结论不是杜撰的,而是根据资本逐利的目的迫使资本家需要不断地发展新技术来获得超额利润的现实判断得出的结论,这个结论不以人的意志为转移。列宁认为,生产资料包括制造生产资料的生产资料和制造消费资料的生产资料,如果第 II 部类有机构成提高了,说明第 II 部类需要生产资料量相对地增长了,这就要求生

产资料迅速发展。同时，列宁还引用马克思在《资本论》中的观点来支撑这一论点："资本主义社会把它所支配的年劳动的较大部分用来生产生产资料。"列宁认为，由于马克思没有研究在资本有机构成提高条件下的再生产，仅仅是假定的资本有机构成不变的条件下的再生产，因而不能得出第Ⅰ部类比第Ⅱ部类占优势的结论，只能得出两部类平衡发展的结论。

斯大林(1951)继承和发展了列宁的观点，他在《苏联社会主义经济问题》中指出，生产资料优先增长原理不仅适用于资本主义社会，也适用于社会主义社会，它是马克思再生产理论的一条基本原理。这就是著名的"生产资料优先增长命题"。

那么是否一定存在生产资料优先增长？传统的马克思主义研究学者从20世纪六七十年代开始就在这一领域进行了激烈的讨论，到目前为止仍然没有形成统一的意见。

如贾凤和教授利用马克思再生产理论构建出均衡增长及非均衡增长模型，得出结论：第一，只有第Ⅰ部类优先增长，才有可能保持两大部类平衡增长。第二，只有第Ⅰ部类优先增长，才可能提高来年均衡的国民收入速度。贾凤和、吴栋运用数理推导出在资本有机构成不变条件下两大部类积累率成正比关系，同时，提出当有机构成不断提高时生产资料优先增长的结论。

广州行政学院的朱殊洋教授给出静态和动态均衡条件下两大部类积累率的关系，得出两大部类积累率的同向变化，并且把这个变化分为三个阶段：第一阶段是第Ⅰ部类积累率低于第Ⅱ部类；第二阶段是第Ⅰ部类积累率等于第Ⅱ部类；第三阶段是第Ⅰ部类积累率高于第Ⅱ部类。他指出，实质上这三个阶段也是经济发展或者说生产力发展水平的三个阶段。

总结国内学者的研究现状可以得出以下结论:其一,假设的条件不同,选择的指标不同,往往会得出不同的结论,很难形成共识,得出令人信服的一致的结论。其二,在这些学者的数学论证中,我们发现在推理过程中都存在这样或那样的不足之处,既有对再生产条件的忽略,也有对再生产条件的片面理解,其得出的结论不可避免地存在片面性。最重要的是,随着研究的深入,学者们逐渐认识到单一的优先增长的结论越来越显得牵强,难以自圆其说。

我们利用单位劳动价值量决定资源配置模型来分析两大部类之间关系时发现:其实马克思再生产理论具有很大的包容性,在资本有机构成不变或者不断提高的条件下,既有可能第 I 部类优先增长,也有可能第 II 部类优先增长,甚至两大部类等比例增长,具体哪一种取决于该部类绝大部分产品是富有平均价值技术弹性还是缺乏平均价值技术弹性,价值技术弹性不同,两大部类增长就存在差距。下面我们先简单分析一下目前国内研究比较有代表性的学者观点。

二、对两大部类增长关系研究比较有代表性的观点

相比较两大部类之间资源流动的两种研究方式,国内对两大部类增长关系的研究也是从两种角度来研究:以价值为起点,并以价值作为两大部类之间的关系的量纲;以生产价格为起点,并将生产价格作为两者之间关系的量纲。

(一)杜昌祚对两大部类增长关系的研究

1985 年,杜昌祚在《数量经济技术经济研究》杂志第 7 期发表了《社会总产值增长速度计量模型与两大部类联系平衡分析》一文,直接从马克思两大部类的价值构成出发,利用一阶导数的性质推导马克思再生产两大部类之间在满足社会总产品实现的条件下,其增长率之间的关系,或者说是以价值为起点,通过

研究社会总产值增长速度与社会生产两大部类的比例关系来比较两大部类增长情况。

杜昌祚依据马克思再生产理论分类方法将社会总产值(W)分为生产资料转移价值(C)、必要产品价值(V)和剩余产品价值(M)三部分,即 $C + V + M = W$。另外将 $C + V$ 定义为生产基金(用 K 表示),$\dfrac{M}{C + V}$ 定义为生产基金利润率,记为 i,同时将积累率 j 表示为 $j = \dfrac{H}{M}$,H 是 M 中用于积累的部分。设第 t 期社会总产值及其构成为

$$C_t + V_t + M_t = W_t$$

在扩大再生产条件下,其积累基金并入生产基金 K 中,因此在 $t + 1$ 期扩大再生产中,其生产基金为

$$K_{t+1} = K_t + H_t = C_t + V_t + j M_t$$

在利润率为 i 的条件下,生产基金产生的利润总量为

$$M_{t+1} = i K_{t+1} = i(C_t + V_t + j M_t)$$

在 $t + 1$ 期结束时,总产值为

$$W_{t+1} = K_{t+1} + M_{t+1}$$
$$= (C_t + V_t + j M_t) + i(C_t + V_t + j M_t)$$
$$= W_t + j M_t + ij M_t$$

设社会总产值的增长率为 g,则

$$g = \frac{W_{t+1} - W_t}{W_t} = ij$$

也就是说,在生产基金使用效率不变的条件下,社会总产值增长速度等于生产基金利润率与积累率的乘积。现在利用社会总产值增长速度计量模型来研究两大部类之间的增长关系。显然,由社会总产值增长率很容易得出两大部类各自的增长率分别为

$$g_1 = i_1 j_1$$

$$g_2 = i_2 j_2$$

字母的下标代表部类,在有机构成不变的条件下,生产资料基金的增长率等于社会总产值的增长率,即

$$g_{C_1} = \frac{\Delta C_1}{C_1} = \frac{\frac{C_1}{C_1 + V_1} M_1 j_1}{C_1} = \frac{M_1 j_1}{C_1 + V_1} = i_1 j_1$$

根据日本学者、一桥大学教授关恒义 1978 年在日本《经济》杂志提出的扩大再生产条件公式

$$(1 + i_1 j_1) + q(1 + i_2 j_2) = A$$

其中 $q = \dfrac{C_2}{C_1}$,A 为常数,称为扩大再生产实现条件综合参数。现在我们假定两大部类以相同的速度增长,这就要求实现生产资料生产与消费资料生产平衡增长,联立方程,得

$$\begin{cases} i_1 j_1 = i_2 j_2 \\ (1 + i_1 j_1) + q(1 + i_2 j_2) = A \end{cases}$$

可以从此联立方程求出

$$\begin{cases} j_1 = \dfrac{A - (1 + q)}{i_1(1 + q)} \\[4mm] j_2 = \dfrac{A - (1 + q)}{i_2(1 + q)} \end{cases}$$

这样两个积累率,就是能够使两大部类平衡增长的"平衡积累率"。那么如果要想实现第一部类优先增长,只要再在第一个等式中增加一个参数(用 ξ 表示),这个参数我们也可以称为优先增长系数,重新联立方程求得两大部类增长率就是优先增长时增长率。如我们假定第一部类优先增长,则联立方程为

$$\begin{cases} i_1 j_1 = (1 + \xi)\, i_2 j_2 \\[2mm] (1 + i_1 j_1) + q(1 + i_2 j_2) = A \end{cases}$$

解这个方程组,得

$$\begin{cases} j_1 = \dfrac{A - (1 + q)}{i_1\left(1 + \dfrac{q}{1 + \xi}\right)} \\[6mm] j_2 = \dfrac{A - (1 + q)}{i_2\left[(1 + \xi) + q\right]} \end{cases}$$

按照这样两个积累率进行下一期扩大再生产,便能实现第 I 部类优先增长,并且其增长速度将比第 II 部类高出 ξ。同样我们可以推出第 II 部类优先增长两大部类的增长率情况。由此可见,在扩大再生产中,具体哪一部类优先增长还是两部类同比例增长并不一定如列宁说的只要存在技术进步就一定是第 I 部类优先增长,而是取决于该部类剩余价值的积累情况和积累部分在不变资本和可变资本的分配情况。杜昌祚认为,究竟两部类增长关系如何通过对两部类积累率进行调节,取决于政府政策的目标要求。

总结杜昌祎的观点我们可以看出,他认为扩大再生产改变资源的数量不是目的,而改变不同资源的组合才是最终目的,至于物的数量,只要资源组合改变了,数量自然而然就会变化。这实质上就是经济增长与资源配置的关系,实现了资源最优配置才能实现经济常态增长。另外,他也给出了两大部类增长类型的全新思路,给定一个经济增长指标,可以通过两大部类积累率的调整来实现这个增长,这为目前政府宏观调控提供了理论支持。与此同时,杜昌祎的观点也存在一定问题。一是只是对价值的研究,利润率建立在所谓的价值利润率上,没有研究价值和价格的关系。其实价格是价值的表现形式,价值是通过价格表现出来的,直接通过对价值的研究违反了马克思对价值研究的方法。二是,尽管作者指出两大部类增长可能出现三种情况,但我们从其推导的结论可以看出,如果两大部类利润率相同,则其增长率就等于积累率,要得到此结论必须消除剩余价值形成与剩余价值实现的矛盾,而在马克思经济学中,这个矛盾是客观存在的。

(二)冯金华教授对两大部类增长关系的研究

2011 年,冯金华教授在《上海行政学院学报》第 4 期发表了《马克思的再生产理论和经济增长的性质》一文(该文入选了上海市社会科学界联合会庆祝中国共产党成立九十周年优秀论文)。冯金华教授没有局限于一直以来马克思经典作家直接从价值构成入手来研究马克思两大部类增长关系的思路,而是另辟蹊径,从利润平均化后,价值已经转化为生产价格条件下,以生产价格为起点来研究马克思的两大部类增长关系。

冯金华教授首先根据马克思再生产条件,在利润平均化后,以生产价格为起点,对两大部类增长率关系进行研究。依据马克思对两大部类分类的方法,

得到社会总产品的构成为

$$c_1 + v_1 + \pi_1 = w_1$$

$$c_2 + v_2 + \pi_2 = w_2$$

这里,分别以生产价格计量不变资本(c)、可变资本(v)、平均利润(w)和社会总产品生产价格。下标数字代表生产资料的第 I 部类和消费资料的第 II 部类。

这里假定两大部类的积累率分别为 s_1, s_2,在新增的积累资本中,不变资本占的比例分别为 θ_1, θ_2,则可变资本所占的比例为 $(1 - \theta_1), (1 - \theta_2)$。按照马克思再生产实现条件,第 I 部类的可变资本与资本家利润中用于积累的部分中作为新增的可变资本和资本家利润中消费掉部分的和应等于第 II 部类的不变资本与该部类资本家利润中用于积累的不变资本之和,用公式表示为

$$v_1 + \pi_1(1 - s_1) + \pi_1 s_1 (1 - \theta_1) = c_2 + \pi_2 s_2 \theta_2$$

作者进一步用一个更加简洁的表达式表示:

$$v_1 + \pi_1 - \pi_1 s_1 \theta_1 = c_2 + \pi_2 s_2 \theta_2$$

上述等式的含义为:第 I 部类的可变资本与第 I 部类投入总资本所带来的平均利润之和减去平均利润中积累部分用于追加该部类不变资本,其结果必须等于第 II 部类的不变资本与第 II 部类利润中积累部分用于追加的该部类不变资本两者的和。也就是说,第 I 部类中消费部分必须等于第二部类不变资本和扩大再生产增加的不变资本。将上式变形转化为关于积累率的函数关系式,得到

$$s_2 = \frac{v_1 + \pi_1 - c_2}{\pi_2 \, \theta_2} - \frac{\pi_1 \, \theta_1 \, s_1}{\pi_2 \, \theta_2}$$

上式就是满足扩大再生产两大部类积累率与新增的不变资本比率的函数关系式。在假定其他条件不变的前提下,两大部类积累率之间成反向增长关系:某一部类积累率提高,则另一部类积累率必然降低。道理很清楚,假定第 I 部类积累率增加,则其用于和第 II 部类相交换的量必然减小,要使扩大再生产继续进行下去,只能是减少积累;同样对于第 I 部类积累率降低,必然要求第 II 部类积累率提高。我们把满足上式两大部类积累率的条件叫作平衡交换积累率,也就是说,只要满足该条件的积累率就能保证社会总产品得到实现。该结论不仅适合扩大再生产,同时也适合简单再生产,如当 $s_1 = 0$,$s_2 = 0$,上式变为 $v_1 + \pi_1 = c_2$,这正好是满足简单再生产两大部类需要满足的条件。

同样可以推出两大部类平衡增长(增长率相同)时积累率满足的条件。当两大部类均衡增长时,$\dfrac{\Delta w_1}{w_1} = \dfrac{\Delta w_2}{w_2}$,其中 Δw_1、Δw_2 分别为第 I 部类和第 II 部类的增量。由于冯金华教授是在利润平均化后以生产价格为起点,则开始时,第 i (i 为第 I 部类、第 II 部类)部类的总产值为

$$c_i + v_i + \pi_i = c_i + v_i + \pi'(c_i + v_i) = (1 + \pi')(c_i + v_i)$$

其中 π' 代表社会的平均利润率,在均衡状态下不会随着资本流动而变化,是固定不变的,是常量。当扩大再生产之后,某部类的总产出价格总量为

$$(1 + \pi')(c_i + v_i + \Delta c_i + \Delta v_i)$$

于是

$$\Delta w_i = (1 + \pi')(c_i + v_i + \Delta c_i + \Delta v_i) - (1 + \pi')(c_i + v_i)$$

$$= (1 + \pi')(\Delta c_i + \Delta v_i)$$

$$\frac{\Delta w_i}{w_i} = \frac{(1 + \pi')(\Delta c_i + \Delta v_i)}{(1 + \pi')(c_i + v_i)} = \frac{\Delta c_i + \Delta v_i}{c_i + v_i} = \frac{s_i \pi_i}{c_i + v_i} = s_i \pi'$$

当两大部类平衡增长时:

$$s_1 \pi' = s_2 \pi'$$

即

$$s_1 = s_2$$

冯金华教授指出,在利润平均化后,两大部类的积累率相同即可满足条件。同样把满足两大部类积累率相等时的积累率叫作平衡增长积累率。结合前面的平衡交换积累率,将两大部类积累率联立得到同时满足两大部类平衡交换和平衡增长的积累率组合:

$$s' = \frac{v_1 + \pi_1 - c_2}{\pi_2 \theta_2} - \frac{\pi_1 \theta_1}{\pi_2 \theta_2} s'$$

整理,得

$$s' = \frac{v_1 + \pi_1 - c_2}{\pi_2 \theta_2 + \pi_1 \theta_1}$$

式中,s' 同时满足平衡交换和平衡增长的特性:满足平衡交换可以保证社会总产品的实现(包括简单再生产和扩大再生产);满足平衡增长可以保证两大部类增长率相同。另外,我们就 s' 表达式也可以清楚地看出,只有 $v_1 + \pi_1 - c_2 > 0$ 时,积累率才大于零,而这恰好就是扩大再生产的条件。当 $v_1 + \pi_1 - c_2 = 0$ 时,积累率为零,又是满足简单再生产的条件。

然后,冯金华教授将平衡交换积累率和平衡增长积累率通过几何图形的方式更清晰地表现出两大部类的增长关系(见图4-1)。

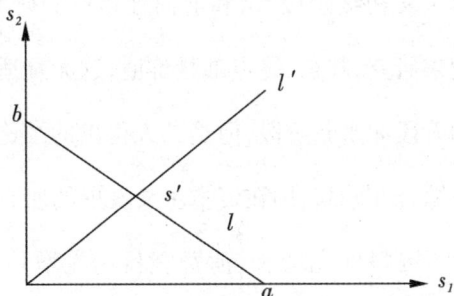

图4-1

图中,l 表示平衡交换曲线,该曲线上面的点所表示的积累率组合都满足社会总产品的实现。l' 表示平衡增长曲线,在该曲线上的点所表示的积累率组合满足两大部类平衡增长,两曲线的交点就是我们前面推出的既满足平衡交换又满足平衡增长的积累率组合,即 s' 点。在线段 bs'(不包括 s')上,任何一点都代表第Ⅱ部类增长快于第Ⅰ部类的积累率组合,即所谓的第Ⅱ部类优先增长;同样在线段 as'(不包括 s')上的点对应的积累率组合表示第Ⅰ部类增长快于第Ⅱ部类,即所谓的第Ⅰ部类优先增长。

由此,冯金华教授最后得出结论:在技术进步条件下,总是同时存在三种不同类型的平衡交换积累率的组合。其中一部分满足第Ⅰ部类优先增长,另一部分满足第Ⅱ部类优先增长,还有一种特殊情况满足两大部类增长比率相同。

总结冯金华教授关于两大部类增长关系的研究,我们发现,他研究的是在利润平均化后,价值已经转为生产价格,国外从鲍特凯维茨开始都将投入品的价值作为起点,以产出品生产价格为终点,分析生产价格决定时的价值形态的变化,也就是说,在马克思扩大再生产模型中,左边以价值作为投入品,右边以生产价格作为产出品。从历史角度来说,这只是资本主义发展的一个阶段,忽略了自由竞争的资本主义初级阶段;这和前面杜昌祚的研究起点恰恰相反,杜昌祚主要从价值角度来研究,起点、终点都是价值,这无疑适合资本主义发展阶段中自由竞争以外的阶段如垄断阶段,但是二人得出的结论却惊人地相似。如果将两位学者的研究综合在一起,即在资本主义发展的所有阶段都有可能同时存在这三种情况(生产资料优先增长、消费资料优先增长和两大部类平衡增长),足以引起我们对前人关于生产资料优先增长这个"不容置疑的真理"产生怀疑。

(三)对两位学者的评析

比较杜昌祚和冯金华两位学者的研究,可以发现冯金华教授在假定利润率不变的条件下,两大部类增长比例之间的关系。在不存在技术进步的条件下,利润率不变的假设显然是成立的,但当发生技术进步时,尽管单位商品价值量下降,但是作为技术函数的产量也会发生变化,即商品的使用价值量将增大,因此作为单位劳动价值量的表现形式的利润率也会发生变化,结果可能会出现三种情况,冯金华教授仅研究了一种情况。当然,其得出的结论就足以证明生产资料优先增长结论的片面性。杜昌祚在研究内涵扩大再生产时,把利润率作为变量来研究,并且指出,当发生技术进步时,由于活劳动生产效率的提高,从而带来剩余价值率的提高,而剩余价值率的提高又会提高利润率;但就其技术本身来说,它又降低利润率,因此总体而言,其利润率或提高或降低或不变,三种可能性都存在。但是,在实际研究中,他很随意地增加了所谓优先增长参数,具有逻辑性而缺乏科学性,因此其得出的结论也是随意的;另外也无法确切地给出到底哪种情况下利润率上升、下降或不变。

我们利用决定单位劳动价值量变化的价值技术弹性，不仅给出了三种情况，而且严格地证明了在什么条件下上升、下降或不变。下面我们就用前面介绍的新模型对两大部类之间的关系进行分析，来证明我们的疑问是否可以得到合理的解释。

三、新模型对两大部类增长关系的分析

马克思说过，我们研究资源流动，不是研究实物的流动，而是研究其价值的流动，表现为以货币为中介。马克思在研究社会再生产时，对于简单再生产两大部类之间需要交换时指出，第 I 部类的可变资本转化为货币后，首先以工资的形式支付给工人生活资料，工人不是直接消费货币，而是利用货币与第 II 部类生产的消费资料进行交换，这样第 I 部类支付的货币又从工人手中转到第 II 部类的资本家手中。第 II 部类的资本家要生产，必须用货币向第 I 部类资本家购买用于生产消费资料的生产资料，最后货币通过迂回的道路又回到了第 I 部类资本家手中。同样，第 I 部类的工人生产的剩余价值也通过迂回道路重新回到第 I 部类资本家手中，因此在简单再生产时，流入等于流出，总体没有出现资本流动。扩大再生产要比简单再生产复杂得多，除了考虑两大部类相互交换外，还要考虑由于资本家将一部分剩余价值积累起来用于投资扩大规模，这时自身创造增长点，也就是积累率问题。

我们根据马克思扩大再生产的两大部类之间关系可以看出，在宏观角度上，当两大部类之间不存在资本流动（或者流入等于流出）时，其各自的增长率取决于两大部类各自的积累率，当积累率相等时，两大部类同比例增长；当第 I

部类积累率高于第Ⅱ部类积累率时,第Ⅰ部类即生产资料优先增长;当第Ⅱ部类积累率高于第Ⅰ部类积累率时,第Ⅱ部类即消费资料优先增长。

马克思指出,积累的目的是扩大规模,只有在规模扩大以后,社会才会将总资本(总劳动)中用于扩大规模的部门进行再分配。其积累的资本用于规模扩大时不变资本和可变资本的增加。我们可以把积累看作资本的流动,积累率高相当于该部类资本流入,积累率低相当于资本流出。对于资本的流入或者流出,马克思指出,实际上就是剩余价值的再分配。研究发现,其分配的方式是先部类内部分配,然后部类间分配。按照扩大再生产的条件对分配的资本重新进行积累,正像在考察简单再生产时我们已经看到的,"在单个资本的场合,单个资本的已经损耗的固定组成部分相继沉淀为贮藏货币的现象,也会在社会的年再生产上表现出来"。因此,这时积累率的大小可以等价于利润率的高低或者单位劳动价值量的大小,利润率或者单位劳动价值量的变化取决于商品的投入价值技术弹性。这个道理也很好理解,假如这种商品缺乏投入价值弹性,增加产量时,其总价值将增加,单位劳动价值量也将变大,增加投资将会获得更大的收益,作为理性的资本家将会减小消费,增加积累,这样来年将会得到更多的剩余价值。如果是富有弹性的商品,增加产量,总价值量将会下降,单位劳动价值量也将会下降,增加一分投入将会获得低于前期一分投资获得的利润,这时资本家有可能会降低消费的积极性,其积累率将会减少。也许有人认为资本家会不再积累,全部用于消费,作为一个追求利润的资本家是不会的,因为尽管利润降低,但是他仍然可以获得利润,当投资获得利润下降为零或者负利润时,这时候资本家投资的意愿将会完全消失,这时候将会出现资本在部类间流动,正如马克思所说的:"只有通过一次大崩溃才能恢复平衡,其结果是资本由第Ⅱ部类转移到第Ⅰ部类。"

因此我们的结论是,认为生产资料优先增长是没有道理的,生产资料和消费资料的增长关系是,既有可能生产资料优先增长,也有可能消费资料优先增长,或者是生产资料和消费资料等比增长,其决定条件是产品的投入价值弹性。

下面我们从经济发展史的角度来谈论一下关于两大部类的增长关系。

从欧美发达国家产业结构的长期演变规律及其就业人口发展历史来看,经济社会发展大致经历了从第一产业(农业)向第二产业(工业)推移和第二产业(工业)向第三产业(服务业)推移的一般演化过程。在工业化进程中,大致又经历了三个时期:第一,以轻纺工业发展为主的时期。这是工业化初期,这个时期轻纺织业获得迅速发展,成为工业的主导行业。由于轻纺织业需要大量的劳动力,因此这个时期又叫劳动密集型工业发展时期。第二,以重工业发展为主的时期。这个时期,煤炭、电力、冶金以电子、机械装置和加工等获得长足的发展。由于这些产业需要大量充足的资金,因此这个时期又称为资金密集型工业发展时期。第三,以高新技术工业发展为主的时期。这一时期,微电子、激光、机器人、生物技术、航天技术、核能技术等获得快速发展。由于这个时期以高新技术为主导,需要大量的技术,因此又称为知识密集型工业发展阶段。我们假定人们的需求在不断变化,科学技术进步从没有停止过,那么由单位商品价值量决定的单位劳动价值量是如何影响两大部类产业发展进度呢?或者说,西方产业发展规律我们可以利用单位劳动价值量来解释。

在重商时期,重商主义把生产劳动归结为生产金银和外贸部门的劳动,对外贸易是财富的源泉。由于重商主义的劳动观把财富的价值仅仅归结为表面物质的金银,而金银主要产生于生产金银的部门和外贸部门,所有的经济活动价值大小都是以这两个为标准。那时候是人类刚从自给自足社会首次步入商业交换社会,其发展初期曾经给经济带来了增长。但是,由于其违背了价值规律的客观要求,必将影响经济的长期发展。

因此,重商主义发展到后期,整个经济系统受到重创,同时也潜伏着很大的经济危机。那时候自然科学获得了长足的发展,人们逐渐认识到社会应该遵照而不是违背自然发展规律,于是以魁奈为首的重农学派开始兴起并逐渐成为社会的主流学派。

重农学派强调农业劳动才是创造价值的源泉,社会要发展,必须优先发展农业。农业作为必需品是缺乏价值技术弹性的,因此,随着技术水平的提高,其生产率不断提高,这时候其他行业内的资本就会向农业部门流入。随着农业部门的产品越来越丰富,农业产品的替代性也不断增加,这时候农业产品转为富有价值技术产品,随着技术的提高,其利润率反而下降。资本基于逐利的目的,必然寻找不同于农业的其他缺乏价值技术弹性的产品,这时资本进行了第一次飞跃,进入第二产业。

第二产业首先也是从与人们生活息息相关的缺乏价值技术弹性的轻工业开始,违背这个规律将导致资源配置效率的低下,然后才进入第二产业的重工业;当重工业随着单位劳动价值量下降,降得越来越低时,资本又将进行一次质的跳跃,于是进入了从实体部分分离出来的第三产业。同样,第三产业也是从那些替代性小的缺乏价值技术弹性的商品发展开始,如银行业、交通服务业等。这里需要注意的是,进入工业化时代并不代表资金就完全退出农业部门了,因为一旦资本撤出农业部门,一些农产品可能又转为缺乏价值技术弹性的商品了。还有就是国家产业政策的引导。对于新兴产业也是一样,开始可能与人们生活关系不大,但是随着这种新兴产业进一步发展,其变为人们的必需品,如网络、通信等,这需要国家产业政策的引导和有创新精神的企业家,特别是有创新精神的企业家更是引领社会往前进步的领头羊。我们的政策一方面要按照资本流动的规律,打破一些阻碍资本流动的制度和资本集聚形成的垄断,引领资本向技术含量高的技术密集型方向发展,更重要的是需要充分尊重企业家的创新精神,鼓励创新,只有这样我们才会跳出"中等收入陷阱",步入现代化国家。

本章是本著的核心部分,也是本书的创新点之处,本章利用上一章给出平均利润率与单位劳动价值量的关系,发现平均利润率随着单位劳动价值量的增大而增大,或随着单位劳动价值量的减小而减小,也就是说两者之间成正比关系。然后研究了利润率和单位劳动价值量的变化关系,发现在技术进步条件下,利润率和单位劳动价值量也成正比关系,即同时升、同时降。由于对利润率的研究属于马克思的价格体系,而对单位劳动价值量的研究属于价值体系,深入研究发现,同样衡量资本流动的因素的单位劳动价值量是利润率的价值基础,而利润率是单位劳动价值量的表现形式。利润率变化背后的价值原因是单位劳动价值量的变化。另外,研究发现,在技术进步条件下,利润率有时升高,有时降低,或者说单位劳动价值量的变化有时升高有时降低。而影响单位劳动价值量变化的因素是商品的价值技术弹性,商品的价值技术弹性等同于商品的需求价格弹性。因此类似于商品的需求价格弹性分类,我们把商品的价值技术弹性分为富有价值技术弹性、单位价值技术弹性和缺乏价值技术弹性,富有价值技术弹性时,随着技术的进步单位劳动价值量反而下降;单位价值技术弹性时,随着技术进步单位劳动价值量不变;缺乏价值技术弹性时,随着技术的进步单位劳动价值量增加。并且商品的价值技术弹性不是固定不变的,而是随着社会的发展而变化。接下来,我们利用商品的价值技术弹性分析资本在部类内部流动和部类间的流动。我们同时也利用了商品的价值技术弹性解释了所谓的优先增长问题。

第五章

资源配置与产业结构及经济增长的关系

第一节 资源配置与产业结构演变

由单位商品价值量决定的单位劳动价值量模型不仅具有重要的理论意义，而且还具有重大的实际意义。

首先，单位商品价值量对均衡价格与社会产品总价格和投入的总的社会必要劳动量之间的关系作了较为明确的阐述，与均衡价格及投入的总劳动量成正比关系，与社会产品总价格成反比关系。它相对于其他价值价格理论有更加宽松的假定条件和更大的包容性，解决了传统政治经济学无法比较不同部门、不同行业及不同部类之间效率大小的问题。

其次，它通过与西方经济学的价格理论及其供求理论联系起来可以对它们之间进行比较与沟通，为马克思主义的价值理论发展和创新开启了新的途径和方法，这对于创新马克思主义经济学大有裨益。对于马克思主义的理论工作者来说，如何创新马克思主义经济学、如何使马克思主义经济学真正地为我所用，是目前摆在我们面前的重大课题。马克思就资本配置时指出,由于不同部门资本有机构成不同,并且周转的周期有差异,从而造成不同部门之间利润率可能不同,必然造成资本的流动。社会资本的利润平均化过程也是资源流动过程(包括资本在各个部门内部、部门之间、企业内部和企业之间的流动动因、方向以及结果分析),"平均利润只能是按照每个生产部门的资本量的比例分配给每个生产部门的资本量的剩余价值总量"。最终达到等量劳动(指所有的活劳动和物化劳动,并且转化为同质的简单劳动)获得等量价值,这种状态下也是单位劳动价值量相等的状态,这也是新模型的本质含义。当达到最优配置时的利润平均化的状态,资源在各个部门之间配置基本达到一种稳定的状态,同样,这也是产业结构的形成及达到稳定的过程。新模型对资本流动规律的考察,不仅从理论上推出利润率差异实质上就是单位劳动价值量的差异,同时为我们下面将要研究的产业结构形成、合理性的判断标准及其产业机构的演变提供一个马克思主义经济学的解释,从而为我们制定合理的产业政策提供了一条重要的依据和标准。

产业结构配置及其演变是经济发展的重要推动力,也是经济内在发展规律的外在表现(严金强、马艳,2011)。本节将对资本流动形式下的资源配置对产业结构的形成和调整作一般性的描述。产业结构和资源配置的联系过程和结果的关系,作为一种资源,它具有稀缺性,逐利是其本质特征,而产业结构演变过程的动力机制在于资本对高利润率的追求,资本在流动过程中改变了原有产业之间的联系,形成新的产业结构;同样,各产业之间利润的差异以及引起的资本在各产业间流动和聚集,也实现了产业结构的调整。因此,利用资源流动理论解释现代产业结构的演变路径以及产业政策的制定具有一定的现实指导意义(严金强、马艳,2011)。

一、从社会分工(劳动力流动)角度来看产业结构的形成和变迁

产业结构是指产业间的技术经济联系方式。产业结构发展是一个不断完善的过程,其演变过程是社会经济发展的重要动力,也是社会经济内在发展规律的必然结果。

(一)西方资本主义国家产业结构发展和演变过程

威廉·配第较早认识到工业和农业之间存在生产率差距,他比较了英国农民和船员的收入水平,发现船员收入水平是农民的4倍。他在《政治算术》一书中指出:"工业的收益比农业多得多,而商业的收益又比工业多得多。"①即工业比农业,服务业比工业的附加值更高。但是由于认识的局限性,配第并没有也不可能揭示出造成部门收入差距的实质原因。

在配第的产业结构启蒙思想的影响下,法国重农学派代表人物弗朗西斯·魁奈强调工农业之间应该协调发展,认为"土地的生产物应成为制造业的原料和商业对象,因此,一切不是建筑在这个基础上的其他商业,都是不稳定的"。尽管由于历史的局限性,魁奈本人还没有认识到工业和服务业的重要性,但是在当时社会条件下提出这种思想无疑具有很大的进步性。魁奈对于农业和工业之间及其内部的关联性的研究,也为我们从产业结构关系的角度分析国民经济运转提供了一条理论方法。

作为古典经济学的集大成者亚当·斯密明确指出,"都市产业的报酬,必较

---

① 威廉·配第:《政治算术》,陈冬野译,商务印书馆,1978,第19—20页。

农村产业为丰。都市的劳动工资及资本利润,也分明较农村为大"。斯密认为出现这种现象的原因是社会分工水平的不同,他认为,农业上生产力的增进,总跟不上制造业劳动生产力的增进的主要原因,也许就是农业不能采用完全的分工制度。斯密实际上是从专业化角度分析不同产业收入不同的原因,相对于配第和魁奈两位前人的立而不破,斯密关于产业结构的思想更进一步,他给出了造成产业差异的解释,尽管没有涉及产业的运动。

德国历史学派代表人物李斯特认为处于不同发展阶段的国家,其经济发展策略是不相同的,他认为人类社会经济发展经历了原始未开化时期、畜牧时期、农业时期、工业时期和农工商时期等五个时期。之所以这样划分,他认为仅仅从事农业的国家与工农并重的国家差距要远远大于仅仅从事畜牧业国家与只从事农业国家的差距,这说明农业比畜牧业先进、工业比农业先进。李斯特同时也指出,资源在工农业之间的配置的协调性要大于资源在其他方面的配置。我们可以看出,李斯特认为经济社会发展的本质特征是产业的运动,由于工业和商业具有相对于农业更高的生产率,因此产业运动的趋向是由农业向工业和商业转变。李斯特通过农业在总产值所占比例的减小和就业率的下降来研究产业结构的变迁,这为后来著名的"配第—克拉克定理"(Petti-Clark Theorinm)提供了思想的起点。当然,李斯特无法解释发生这种趋势的内在机理和前提条件,且否定了商业在资源配置中的作用,这是具有历史局限性的。

在产业结构发展及调整中,配第是较早注意到农业、工业和服务业之间的收入存在差距的学者。此后,费希尔提出了三次产业划分的思想。对三次产业作系统总结的是科林·克拉克,他在《经济进步的条件》一书中搜集了 40 多个国家的数据进行比较研究,得出了国家的"发展阶段说"。他将经济发展分为三个阶段:第一阶段是以农业为主的阶段,农业是人们收入的主要来源,但是由于农业收入比较低,因此这一阶段人们的收入也较低;随着社会经济的发展,人们进入了第二阶段,这一阶段制造业等重工业迅速发展,相对于农业,重工业收入比较高,因此这一阶段人们的收入也普遍增高;随着资本对利润追求的推动,社会经济继续向前发展,于是经济进入第三阶段,以服务业为标志的第三产业获得快速发展,同样相对于农业和重工业,服务业收入要远大于这两个产业,这时人们的收入获得大大的提升。后来学者把"三阶段"的划分称为"配第一克拉克定理"。相对于前两个阶段,它揭示了产业结构变动的基本趋势,实现了劳动力的转移,这种劳动力的转移是由产业间的收入差异引起的。但是配第一克拉克定理推理的依据也同时限制了该理论的进一步发展。配第是建立在以下三个前提条件下:全部社会经济活动都归属于三大产业之内,以劳动力在各产业转移来分析产业结构的演绎,劳动力流动的标准是以收入不断提高为依据。但是,引起劳动力流动的背后推动力是什么? 它的价值基础又是什么? 配第并没有给出解释。

德国经济学家霍夫曼在其《工业化的阶段和类型》一书中提出了"霍夫曼定理",他以资本品工业净产值在整个工业净产值中所占的比重为标准来判断工业发展的历史进程,这个比例越高,说明工业化程度越高,社会越先进。作者利用消费品工业净产值与资本品工业净产值的具体比值将工业化进程分为四个阶段:当前者是后者的 4～6 倍时,为消费品占主导地位阶段;2～3 倍时,为消费品增长慢于资本品增长阶段;0.5～1.5 倍时,为两者平衡增长阶段;当前者与后者的比值小于 1 时,为资本品占主导地位阶段。霍夫曼指出,随着工业化的推进,制造业中消费资料的净产值和资本品资料的净产值之比是持续下降的,由此出发可以根据国情和发展阶段选择主导型产业。霍夫曼定理具体四个阶段划分的科学性姑且不论,他给出了产业结构调整过程中资本品工业在整个工业中比重变化的一般趋势,符合我们研究得出的结论。我们发现,霍夫曼定理中无论消费品工业还是资本品工业都属于制造业,因此,与其说他研究的是产业结构的变化,不如说是对产业结构中的制造业发展趋势的研究,相对于整个产业结构来说,霍夫曼的研究是不全面的。

钱纳里和赛尔昆根据 101 个国家 1950—1970 年的统计资料,运用 130 个变量的 2000 多个观察值,通过非线性回归模型,构造了一个"标准产业结构"转变过程。他们得出的结论是农业劳动力的转移相对于其他产业会出现滞后现象,并且农业劳动生产率的增长相对缓慢。形成这种现状的原因,他们认为是农业部门失业的增加量要远远大于工业部门就业的增加量,这样就造成工业部门无法全部吸收农业部门中待就业的劳动力,这时候就会有部分待就业的农业劳动力转移到服务业中,从而造成产业结构的转变(以上劳动力的转移就是资本的转移)。钱纳里将产业结构转变划分为三个阶段:初始产品生产阶段、工业化阶段和发达经济阶段。各个阶段所依赖的支柱产业部分为初始阶段为农业、工业化阶段为工业,而发达阶段主要依赖服务业。回归结果显示,总产业结构变化的 75% ~ 80% 发生在人均 GNP 处于 300 ~ 1500 美元这个区间,影响经济结构的资本积累和资源配置都将发生深刻的变化。对于产业结构发生变化的影响因素,钱纳里提出了三种假说,分别为需求说、贸易说和技术说。三种假说的判断标准不同,第一种假说以恩格尔定律为标准,后两种分别以资本和技能的比较优势及原材料的替代和生产率的增长速度为标准;针对发展中国家工业化实现的问题,钱纳里给出了实现工业化的具体途径,每个国家工业化道路根据自己国家产业结构发展的特征及自身资源的实际情况可以采用外向型、内向型和中间型等三种途径。

总结钱纳里对产业结构演变历史过程和原因及每个过程采用的具体政策等可以看出：钱纳里一方面吸收了前人对产业结构分析和研究的成果，并对此进行批判性的选择；另一方面对发生变化的原因及其采用的相应政策都深入地进行了研究，这对后人对产业结构研究的内容和方向给出了明确的目标，更重要的是钱纳里的研究以劳动力转移为目标，以劳动价值论为基础的劳动力转移就是资本的转移，这是他相对于其他西方产业经济学家来说的进步之处。当然，作为西方资本主义学者，其局限性也是很显然的，他主要是对资本主义制度进行维护，没有认识到资本主义制度存在的矛盾；在研究方法上主要从经验角度进行研究，对一些可能的现象进行简单的罗列，没有从理论上对其分析；在回归分析中，将部门指标视为外生变量不符合实际情况，多国回归分析没有考虑到国家之间的异质性，将许多影响因素排除在劳动生产率之外，这些不足揭示了没有价值基础的产业发展问题的研究，只能流于表面肤浅的经验性分析，缺乏事物发展的动态规律，不具有科学性。

从西方国家产业结构发展研究进程大致可以看出其经历了以第一产业农业为主导，到以第二产业工业制造业为主导，直到最后以第三产业服务业为主导的演绎过程。而在第二产业内部又经历了以消费品制造为主的劳动密集型工业、以资本品制造为主的技术密集型工业和以高科技如微电子、激光、机器人、生物技术、航天技术、核能技术、新型材料技术等为代表的知识密集型工业。西方产业结构发展历程完全验证了我们关于产品价值弹性的分类规律。

通过以上分析,我们也可以总结出影响产业结构的因素大致有以下四种:第一种是生产要素的推动。生产要素推动可以看作资源的流动过程,在完全竞争市场,资源会从利润率低的部门流向利润率高的部门,如劳动力从农业流向工业和服务业。第二种是最终供给和需求的共同推动。资源是有限的,而人类需求及对利润的追求多样化无穷尽,如何把有限的资源进行合理性的配置必须以人们的普遍需求及带来更大利润为第一目标(这些商品一般属于缺乏价值技术弹性),同时优先发展一部分有战略意义的产业,促使或引领传统产业升级。第三种是技术水平的推动。任何社会都要经历从低级阶段向高级阶段的进化,而这个进化的动力来自科技进步和社会分工日益深化,社会发展每经历一个飞跃,科学技术都会发生质的变化,从而推动产业结构调整为适合科技进步的新的产业布局。第四种是全要素劳动生产率的影响。有学者在多部门增长模型中也印证了全要素生产率不同能够影响产业结构。但是这些影响因素中哪些是主要因素,哪些是次要因素,这些表面因素背后的价值基础又是什么,西方经济学并没有给出回答。

(二)我国社会主义阶段产业结构的发展和演变过程

资本投入的增长影响着一个国家经济的增长,资本在各产业的分布形成了生产资本结构。我国对产业结构的研究基本以西方经济学的三大产业划分为基础。吕宙(1999)认为,合理的产业结构一般满足以下规律:第一,符合配第—克拉克定理,制造业比农业、商业比制造业能得到更多的收入;第二,满足霍夫曼定理,社会经济进步的程度是以生产资料工业资产值与消费资料工业净产值比例提高为标准;第三,高加工化过程,在重工业过程中,产业结构又同时表现为以原材料为中心转向以加工、装配工业为中心的演进过程;第四,技术信息化趋势,从 20 世纪 70 年代开始,工业先行国家经历了一个深刻的产业结构转化过程,科学技术开始成为产业增长最重要的因素。[①]

资源流动趋势的影响因素主要有行政和市场两种方式,与此相对应,整个产业结构的调整过程中同时存在市场和政府的双重作用。我国产业结构的调整和转变也是市场和政府作用的结果,其对产业结构配置的调整方式经历了三个历程:改革前是唯一的行政配置资源的方式;改革初期是行政为主、市场为辅;现在以市场为主。市场成为产业结构调整的主要动力。

同样,我国产业结构政策也先后经历了三次调整:第一次是 20 世纪 50—70 年代,中国实行了优先发展重工业的方针政策,又称为"剪刀差",这导致重工业增长速度大大快于轻工业和农业,重工业比重获得很大的提高,从 1952 年占工业总产值的 35.50% 到 1979 年占工业总产值的 56.30%。这个政策的推行是建立在牺牲农业和轻工业的前提下,重工业的不断扩展导致其对农业部门提供积累的需求越来越大,而农业部门劳动力转移受到极大的限制,致使农业生产率长期停滞。第二次调整是在 20 世纪 70 年代末到 80 年代初,这时提出轻工业优先发展策略。到 1990 年,轻工业比重提高到 49.40%,这时重工业比重有所下降,降到 50.60%。这个阶段轻重工业失调的矛盾得到缓解,市场供给和需求基本达到稳定,人民生活水平有所提高,但是农业和工业的矛盾出现徘徊甚至被强化的现象,农业生产的增长越来越与加快工业化的要求不相适应,农民收入的增长也不能与整体经济增长的趋势相一致。第三次是 20 世纪 80 年代末到 90 年代初,实行的是加强基础设施的建设。80 年代后期,由于加工工业的异军

---

① 参吕宙:《资本理论创新:从微观资本到宏观资本》,《经济研究参考》1999 年第 20 期。

突起,一些基础设施如电力、能源、交通、通信等需求远远大于供给,导致加工业发展严重受阻。为了改变这种现状,国家在"八五"期间提出了加快基础设施建设的政策。

从我国产业政策发展整体来看,20 世纪 80 年代前基本处于产业结构大起大落不稳定阶段,三大产业结构波动比较大的主要原因是政府对产业结构干涉太多,造成资源在不同产业之间流动过程中顾此失彼,市场因素完全失调。20 世纪 80 年代后实行改革开放,我国产业结构逐渐转变为以市场调整为主的推进模式,产业结构得到优化。如在第六个五年计划末(1985 年),我国第一产业占国民生产总值的比重为 28.44%,第二产业占国民生产总值的比重为 42.89%,第三产业占国民生产总值的比重为 28.67%。[①] 相对于 1978 年的 28.19%,47.88%,23.93%,第三产业有了显著的提高,产业结构也得到了改善。到九五计划末(2000 年),第一产业占国民生产总值的比重为 15.06%,第二产业占国民生产总值的比重为 45.92%,第三产业占国民生产总值的比重为 39.02%。[②] 我们可以看出第一产业比重显著下降,同时第三产业结构显著上升,符合配第一克拉克定理中的产业结构发展规律。

第十一个五年计划中,我国对产业结构调整和优化升级采取以下五个措施:第一,坚持走节能环保型工业化道路,改变过去粗放式的高消耗、高污染的发展道路;第二,坚持以市场为主导,企业为主体,避免政府,特别是各级地方政府的过分干预;第三,坚持以产业结构合理化为标准,同时增强创新能力,培养

---

① 王亚华、鄢一龙:《十个五年计划完成情况的历史比较》,《宏观经济管理》2007 年第 4 期。

② 王亚华、鄢一龙:《十个五年计划完成情况的历史比较》,《宏观经济管理》2007 年第 4 期。

关键产业的核心竞争力;第四,发挥和提高劳动密集型产业的竞争优势,既要促进产业结构中产值结构的升级,也要注意就业结构的改善,使工业化进程与农村富余劳动力转移相协调;第五,加快发展第三产业,我国第三产业整体滞后,为我国第一、第二产业的推进带来很大的交易成本,特别是第二产业发展升级更需要大力发展现代物流,有序发展金融服务业,以降低社会交易成本,提高资源配置效率。[①] 从我国第十一个五年计划对产业政策的措施,我们发现这时的产业政策已逐步与西方产业政策接轨,在这些产业政策下生产的产品符合我们从价值角度分析其发展规律,价值技术弹性也符合资本流动趋势的要求,为我国后来经济的持续发展打下了坚实的基础。

正如"十一五"规划中提到的目前我国产业政策政府干预太多,这将割断了生产者和市场之间内在的有机关系;另外,政府配置主要是通过财政拨款的形式取得资金,然后再以物质部门和劳动人事部门获得相应的物资和劳动力,最后配置到生产过程中去。这样,资源组合往往是一次性的,要素很难通过市场进行选择和重新组合,没有根据价格、利润、工资等市场信号调节人力、物力和财力资源的流动,实现社会资源在部门、地区和企业的重新组合,产业结构将不再变化。图 5-1 表示 1978 年到 2014 年三大产业占 GDP 的比重变化情况。

---

① 马凯:《"十一五"时期我国经济社会发展若干重大战略任务》,《中国监察》2006 年第 4 期。

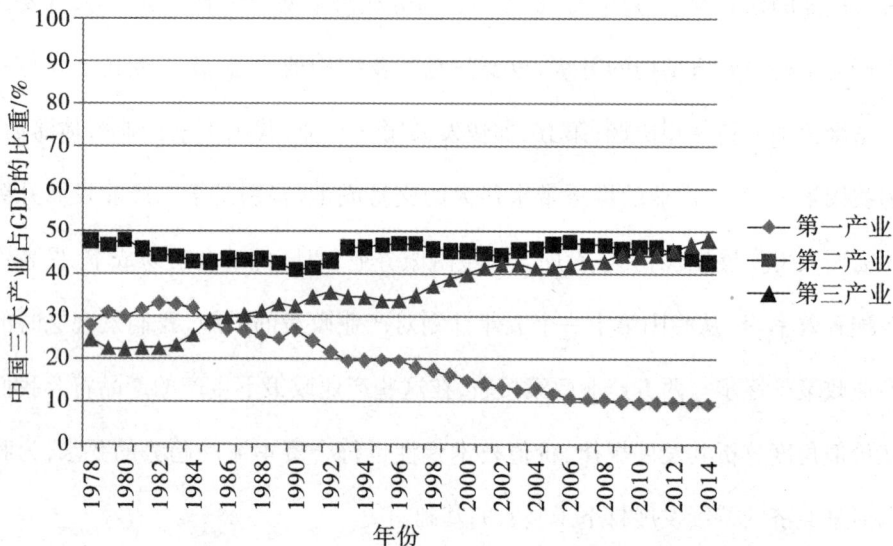

注:数据来自《中国统计年鉴 2015》。

图 5-1   中国三大产业增加值及占 GDP 比重的变动趋势(1978—2014 年)

从图中可以看出,第一产业占 GDP 的比重呈逐年下降的趋势,第二产业的比重整体保持在40%～50%,并且在不断地波动,20 世纪 80 年代呈下降的态势,90 年代开始逐渐上升。第三产业一直在稳步提高。下面笔者将从单位劳动价值量大小来分析两大部类的结构形成和变迁。

二、单位劳动价值量决定的资源配置对产业结构演变过程分析

产业结构演变过程从单位劳动价值量价格表现形式即平均利润率角度上来说就是利润平均化的形成过程,或者说源自资本对高利润的追求。由于不同部门或产业的利润率的差异,资本追求高额利润将会从低利润率的部门或产业向高利润率的部门或产业流动,因而引起部门或产业的规模发生变化,利润率

较低的部门或产业会由于资本的流出而规模变小,利润率高的部门会因为资本的流入而规模变大,这个不同规模的大小的变化在整个国民经济中就表现为产业结构的变迁。

造成不同部门或者产业利润率不同的原因,马克思指出存在两个方面:一是不同生产部门的资本有机构成,从而导致各个部门的不同利润率。道理很清楚,有机构成不同表现为技术水平的差异,单位劳动价值量随着技术的变化而提高或降低,其表现形式的利润率肯定会存在差异。引起不同部门利润率差距的第二个原因,马克思指出是资本周转周期,周转时间反映商品价值实现量的大小,也就是总价值在该部门的分配,换句话说就是每个特殊部门在总价值中吸收的相对份额。特殊生产部门在社会总价值中所吸收的份额在价值上就是单位劳动价值量,是利润率变化的价值基础。

在我们看来,马克思所指出的两种原因可以直接利用单位劳动价值量来解释。单位劳动价值量实际上包含着以上两种因素:决定单位劳动价值量的因素是单位商品价值量,生产的数量和投入的劳动量,单位商品价值量表现在形式上受商品供求关系的影响(其背后的价值基础是劳动价值论),表现为价格的升降,价格是产量的函数,产量是技术的函数,因此单位商品价值量是技术的间接函数;资本有机构成表现为资本的技术构成。

由以上分析可以看出,影响利润率变化的主要因素就是技术的变化。随着社会的发展,在技术不断进步的条件下,资本将从低利润率的产业向高利润率的产业移动,从而改变各产业在国民经济中所占的比例,产业结构也随之发生变化。下面结合利润率和单位劳动价值量模型来说明产业间利润率的差异,或者从价值上来说是单位劳动价值量的差异所引起的产业结构的变迁。

假定整个经济在 t 期达到均衡状态,这时候实现了利润平均化,同时资源实现了最优配置,也就是说不同部门的单位劳动价值量相等,经济系统将不再发生资源流动现象,不同部门或产业的规模不再发生变化,这时产业结构将处于稳定状态。现在,某个部门或产业由于某种偶然的因素出现了技术进步(推动资本家进行技术创新,从而开辟新的产业和生产领域,追逐更大的利润也是资本的动因),这时,在整个经济中其他条件不变的情况下,该部门必然会出现利润的变化,从而其利润率将会随同发生变化,相对于整个稳定状态下的平均利润率,将会出现差异。资本的内在动因是对利润或剩余价值的追求,促使资本流动总是从利润率低的部门流向利润率高的部门。

前面已经分析,利润率对于技术的变化取决于产品的投入产出价值弹性系数,弹性系数影响因素很多,包括替代性、市场细分程度和产品用途多寡等,其中最重要的是替代性。替代品多寡决定价格需求弹性,从而决定价值技术弹性。在农业时代,农产品不论在数量及品种上都相当缺乏,并且产品用途单一,这时产品的投入产出缺乏价值技术弹性。随着社会技术进步,产品的利润率不断提高,大量资本将集中在农产品部门,与此同时,这些部门增加的利润也大量用于该部门扩大规模,这个阶段发生在重农时期。随着农产品数量和品种的日益增多,其用途也越来越广,农产品的价值技术弹性发生改变,商品变为富有弹性的商品了,这时资本流入或者增加投资,利润率将会下降,资本流动将会受到限制,逐利的资本将会寻找新的增值机会和途径。经过长期的技术创新和物化劳动的不断增多,第二产业工业应运而生。在完全竞争的条件下,资本将从有机构成高的部门向有机构成低的部门流动,或者从劳动素质要求低的部门向劳动素质要求高的部门流动,即从第一产业的农业向第二产的工业流动,出现第一产业向第二产业的变迁。当然,当资本从第一产业向第二产业流动后,第一产业随着资本流出,产量将减少,由于第一产业产品富有投入产出价值弹性,其资本流出后,利润率将会提高。第二产业的产品随着资本的流入,将会面临与第一产业发展所经历的相同的阶段直至到第三产业阶段。随着科技进一步发展,对劳动力素质的要求越来越高。劳动力素质或者说知识本身却是反弹性的,这是资本就会从劳动密集型产业向知识密集型产业流动。当一种新生的产业出现,由于其具有垄断性,这时资本将向该部门流动,也就是说资本将从过去产业(传统产业)向新生产业流动。当非生产性的职能资本(特别是银行资本)取得独立的地位时,实体产业的资本将会向虚拟经济部门移动。我们将由于单位劳动价值量变化而表现的利润率的变化致使的资本流动,引起产业结构的不断调整和变迁叫作价值弹性驱动型的产业结构变迁。

资本对利润的追求使其在市场饱和状态下萌生在市场寻求具有一定市场潜力的盈利点,这就促使了新产业或者说幼稚产业的产生和形成。但是由于幼稚产业在没有形成独立完整的体系之前,产品的知名度较低,难以取得市场认可,价值量难以实现,完全靠市场力量难以顺利成长,这时候政府的作用就体现出来了。这个问题实质上也是短期利润和长期利润的矛盾,一些未来利润空间比较多的产业在幼稚期营利性并没有凸显出来,我们政府应该利用行政手段对幼稚产业采取保护措施,如通过税收政策降低成本、提高产品的市场占有率等,促使幼稚产业向规模化发展,以实现资源的长期最优配置。

三、产业政策和资源配置之间的相互制约关系

资本总是从最有利的产业或产业阶段开始,直至达到均衡的产业结构调

整，整个过程就是资本流动过程，这种流动一方面是产业结构和产品结构不断调整的过程，同时也是对有限的资源进行合理的再配置，以促使产业结构向合理化方向发展的过程。资本对利润最大化的追求导致资源在不同产业之间流动，形成不同的规模，新的产业布局因此形成。

由于资本对利润追求的短视性，部门短期利润最大化并不一定使资源达到最优化，或者实现长期利润最大化，这就需要政策引导资本克服短视行为。现在问题是这个政策由谁制定，如何界定制定的政策符合长期利润最大化，由于产业政策具有优化效应、扩大效应和发展效应的三个维度，一旦政策扭曲，必将资源引领到不合理的产业或部门中，导致产业结构失衡与产业升级缓慢，这在产业结构调整阶段更加明显。对于政策制定者来说，既要考虑到向新兴产业方向引导又要顾及资源与需求者两个约束条件，学术界的普遍意见是由市场和政府共同制定产业政策，笔者也同意这个观点。

对于什么样的政策才是符合经济发展长期的目标，学术界对此争论颇多。顾鹏、马晓明（2013）认为应该以成本为标准来指导产业政策制定，为此提出了产业的资源环境综合成本概念，包括各行业的资源耗损成本、环境污染成本和附加环境成本。王文等（2014）以微观层面数据为样本从资源错配角度来研究得出结论：当一种产业政策促进了行业竞争时，行业内的企业资源错配程度显著降低；产业政策的覆盖面越广，则越有利于降低行业内企业资源错配程度。刘澄等（2011）从新兴产业角度来判断产业政策的优劣，认为新兴产业是指以重大技术突破和重大发展需求为基础，对经济社会全局和长远发展具有重大引领带动作用，知识技术密集、物质资源消耗少、成长潜力大、综合效益好的产业。具体包括新一代信息技术、节能环保、新能源、生物、高端装备制造、新材料、新能源汽车等战略性的新兴产业。

产业政策对资本具有诱导性,它引导资本向某部门或者产业流动,资本实现集聚和规模扩大,实现产业结构的波动和变迁。同样,产业政策也是资源配置的根源。在一定政策的引导下,资本流向该部门或产业,受资本追逐利润最大化本质的驱使,投资者在某种程度上又表现为急功近利,一方面投资者希望产出按照一定的投入速度增长,如果产出达不到投资者投入的预期,那么投资者就难以按照这个速度追加资本;另一方面以获取利润为目的,资本投入往往会产生投机大于效果,因为政府的产业政策是通过财政补贴、税收杠杆和融资效率来实现的,一部分投资者为了避税或者优惠而出现投资过度,由此出现虚拟资本大于实体资本的现象,最后导致虚拟资本的贬值或通货膨胀的发生。这样使产业发展缺乏需求,投资者利润降低,导致资本外流,规模下降。

第二节　资源配置与经济增长

一、资源配置效率对经济增长作用的相关研究情况

西方经济学家普遍认为经济增长的动因主要来自资本投入和资本配置效率两种。前者是以增加投入和扩大规模为基础,后者是以提高效率为基础的集约型经济增长。由于资源的稀缺性,未来经济增长点将主要集中在资源配置效率上,因此,资源配置效率问题将是资本理论研究中的重要课题。学者最初主要从产业结构角度来研究经济增长的。

费德对 1964—1973 年 30 个半工业化国家的实践研究证明,工业部门与非工业部门要素生产率存在差异,并且资源流动对经济增长的拉动效应尤其显著。钱纳里提出生产要素在部门之间转移所带来的效应,即由生产率低的部门向生产率高的部门流动的资源在配置带来经济增长。后来部分学者从劳动力的配置来研究经济增长。道瑞克、杰梅尔发现,劳动力配置引起的 GDP 增长效应可以解释中等收入与高收入国家经济增长的 1/4。《21 世纪资本论》的作者皮凯蒂在该书的开篇就预测,21 世纪经济将可能重新回到慢增长模式。也就是说,除了特殊时期或追赶时期外,经济增长都是缓慢的。所有迹象都显示增长率将在未来继续趋缓①。皮凯蒂认为主要原因是劳动力收入下降导致劳动力配

---

① 参皮凯蒂:《21 世纪资本论》,巴曙松、陈剑、佘江等译,中信出版社,2014,第 73 页。

置低效。

国内对资源配置与经济增长关系的研究始于 20 世纪 80 年代，并且目前对与此相关问题的研究有加大趋势。刘志彪、安同良（2002）用 Moore 结构交化值指标测算出 1978—1990 年、1990—1999 年中国产业结构的交互度，从而验证了支撑中国经济高速增长的产业结构快速变动这一动因。朱慧明、韩玉启（2003）通过产业结构对经济增长贡献的研究，证明了扩大第三产业产出在国内生产总值的比重能引导我国经济的良性发展。

我们发现，不论从产业结构还是从劳动力配置角度进行研究，都证明了资源配置与经济增长之间具有显著的正相关，单位劳动价值量是决定资源配置效率高低的标志。下面将利用单位劳动价值量来研究经济增长。

二、单位劳动价值量对经济增长的解释

资本由单位劳动价值量低的部门向单位劳动价值量高的部门流动的过程就是经济增长的过程。

"现代经济增长本质上是一个结构转换的过程，经济增长是主导产业部门依次更替的结果，它根植于现代技术所提供的生产函数的累积扩散之间。这些发生在技术进步和组织中的变化只能从部门角度加以研究。"[1]罗斯托给出的理由是：新技术的吸收本来是一个部门的过程，吸收新技术并不是出现在国民生产总值或这类抽象物中。技术创新的出现总是和某一特定部门经济相联系。这也给出了我们研究经济增长的方法。

---

[1]　罗斯托：《从起飞进入持续增长的经济学》，贺力平等译，四川人民出版社，1988，第5 页。

现在假设某一部门发生技术进步,这时不论该部门生产的产品是富有价值技术弹性还是缺乏价值技术弹性,都会出现单位劳动价值量变化的情况,这些将会加速资本的流入或者流出。首先将会把一部分流动资本引入生产过程中,变为生产资本,进而扩大生产规模,提高资本的利用效率,根据 $a = \dfrac{y}{hl}$ 推出 $y = ahl$,a 表示劳动生产率。在其他条件不变的情况下,a 的提高必然提高总产出 y ,即将提高经济增长。一定量的资本"在转化为生产资本之后,包含着生产的潜力,这些潜力的界限,不是由这个预付资本的价值界限规定的,这些潜力能够在一定的活动范围之内,在外延方面或者内涵方面按不同程度发挥作用"。其次,技术进步后,资本的流动可以促进暂时闲置的资本得到更好的利用。资本的逐利目的将把暂时游离出来的固定资本的折旧基金,用来改良机器或者转移到单位劳动价值量大的部门或产业,这时候一方面提高了原来机器的生产效率,同时也实现了规模扩大再生产,从而引起经济增长。最后,流动的资本加速了银行技术的发展,资本家可以通过银行信用来充分利用社会闲置资本。马克思说:"总资本根据生产的需要在不同的特殊领域之间进行分配,这是通过信用进行的。"这就是说,随着金融技术的进步,资本家不但可以运用银行筹集社会的闲置资本,还可以运用金融机构创造出来虚拟资本进行更大规模的扩大再生产。其实,随着技术的进步,人们利用自然力的手段会越来越多,进而在很大程度上提高劳动生产率,可以使劳动者在同样时间内生产出更多数量的产品,从而为扩大再生产提供物质基础。正如马克思所说,"撇开自然物质不说,各种不费分文的自然力,也可以作为要素,以或大或小的效能并入生产过程。它们发挥效能的程度,取决于不花费资本家分文的各种方法和科学进步"。

三、我国目前在经济增长转型期对资本配置的影响

对产业结构影响经济增长还是反过来经济增长影响产业结构的优化问题，许多学者对该问题展开了研究，并且形成了两种截然不同的观点。朱慧明、韩玉启(2003)利用格兰杰因果关系检验法和线性计量经济模型深入研究了我国产业结构和经济增长之间的关系，得出结论是产业结构调整和经济增长之间存在单项的因果关系，即产业结构调整促进了经济增长，而非经济增长促进了我国产业结构的调整；同时通过比较三大产业对经济增长的贡献，发现与第一、二产业产出对经济增长的作用比较，第三产业的单位产出对经济增长的贡献最大。纪玉山、吴勇明(2006)利用 1978—2003 年时间序列数据进行了实证分析，表明我国的经济增长与产业结构之间存在唯一的动态均衡关系，验证了经济增长是就业人口向第三产业转移的原因，也就是说，产业结构的演进是经济增长的原因，而不是相反。这和朱慧明等得出的结论完全相反。

比较经济增长和产业结构关系的两种观点可以发现，之所以会有两种截然相反的观点是由于分析问题的角度存在差异。一种观点是分析各大产业占 GDP 的比例或者说对 GDP 的贡献率来研究两者之间的关系，三大产业所占的比例不同，GDP 一般是不同的，因此推出产业结构是影响经济增长的主要因素；而另一种观点是从经济增长不同阶段，三大产业占的比例不同来研究两者之间的关系，由于经济增长率不同，三大产业所占的比例一般也是不同的，由此得出经济增长对产业结构的影响。

由此我们得出结论：由资源配置形成的产业结构与经济增长之间的关系是相辅相成的。两大部类或者三大产业初始技术水平的差异导致技术进步率的

差异。技术进步上升可以提高劳动生产率,实现资源的优化配置,从而推动产业结构升级并影响经济增长。从宏观角度来看,资本流动对经济增长的影响是双面的,当资本流出所带来的价值减少量少于资本流入所带来的价值增加量,那么总体经济增长是上升的;而当资本流出所带来的价值减少量大于资本流入所带来的价值增加量,那么总体经济增长是下降的。当然,影响经济增长的因素除了资本流动外,还包括科技进步、劳动力素质、投入需求、产业政策和制度等,总体上要素流动是否会带来经济增长,还需要进一步分析。我们利用发生技术变化时的单位劳动价值量大小变化对经济增长的影响为我们经济转型期增长方式的转变也提供了理论支持。

第一,经济增长从粗放型向集约型转变。单位劳动价值量在其他条件不变的前提下,投入的劳动越少,其价值量越大。因此,节约投入的劳动是提高单位劳动价值量的一个重要方式,这里的劳动包括所有的活劳动和物化劳动,因此节约投入的劳动就是对活劳动和物化劳动的节约。而集约型增长主要是依靠提高活劳动和物化劳动利用率来增长产品的生产量。这为我们的经济增长方式向集约型转变给出了马克思主义经济学的解释。

第二,经济增长方式从投入驱动型向效率驱动型转变。经济的增长表现为产出的增加,而生产一种产品需要投入一定的资源(生产资料、劳动力、资金和技术),而人类社会的总资源是有限的,在一个部门资源投入的增加必然带来另一部门资源投入的减少。这就要求我们把有限的资源进行合理的配置,以使投入最小的情况下产出最大,或者是在产出给定的情况下投入最少。利用我们的单位劳动价值量来分析就是在劳动一定条件下,所创造的价值量最大,用公式表示为当 l_i 给定时,单位劳动价值量取决于 $\lambda_i^* q_i$,因此,提高单位劳动的产量与单位商品价值量的乘积就是提高生产效率。

第三，政策对资本流动的影响。资本流动建立在科技进步上，因此首先要坚持以科技进步为动力。美国经济学家库兹涅茨研究得出人均产量增长的50%～75%来自生产率，也就是技术进步对现代经济增长具有重大作用。而如何利用好科技进步对经济增长的促进作用，关键还是依靠政府，依靠政府制定良好的制度，以保证技术和资源得以最有效率的利用。另外，要坚持走新型工业化道路。所谓新型工业化道路我们可以概括为以新技术为支撑，产业结构配置能够使各部分发挥最大收益，同时带来的负面成本最小。利用产品的投入价值弹性可以为解决这个问题提供思路。同时要求政府引导产业升级和技术改造，以信息化带动工业化，形成以高新技术产业为先导、基础产业和制造业为支撑、服务业全面发展的产业格局，将新的增长动力转变到结构效率上来，使结构效率成为我国经济发展的新动力，从而促使我国产业结构向更高层次发展。日本自二战后产业结构的三次升级可以作为我们发展的一个借鉴。日本以轻纺工业发展为主的第一次产业结构调整发生在 1945—1955 年，这次调整后，纺织工业、农业得到迅速发展；以重工业为主的第二次产业结构调整出现在 1956—1973 年，这次实现了产业结构的重工业化，同时出现了一批新型工业部门；1973 年以后，日本进行了第三次产业结构的调整，这次调整使日本进入了知识技术密集型产业时代。这三次转变都是在政府的干预下实现的，相对于美国差不多花费 200 年市场化实现的发展道路，日本仅用了 30 多年在政府引导下就实现了。

第四，要坚持提高劳动者素质，优化人力资源结构。新型工业的兴起需要更复杂的劳动，而复杂劳动的培养需要大力兴办教育，要想获得优秀的人才，一要靠教育,二要靠制度,这就需要政府加大对教育的投资力度。我国教育投资占 GDP 的比例在全世界排名中略显靠后,这就说明我们在这方面还有很大的发展潜力。

从当今经济发展的客观现实来看,资本流动方向有两种:一种是趋利性,即在利润的驱使下,由利润低的部门向利润高的部门流动,我们把这种移动叫作客观流动;另一种是在某个阶段的国家产业政策的引导下,依照一定的流动渠道流向特定的部门或产业,这种流动我们称之为主观流动。客观流动一般进入那些发生技术进步后利润不断增加的部门或产业,前文已有相关论述,这些部门或产业生产的商品一般是缺乏价值技术弹性的商品,这些商品一旦价值下降,需求量大量增加;主观流动主要是政府直接引导资本流向新兴产业,尤其是高科技产业,这些新兴产业一般需要大量的科研和开发资金,短期利润不明显,但是对产业结构升级至关重要。主观流动还包括一些传统的产业,这些产业相对于其他产业利润比较低,但是它是其他产业获得高利润的保证和支柱。如我国传统的农业。相对于其他产业,农业的收益率一直在下降,但是农业在第二产业和第三产业发展中起的作用是无可替代的。目前没有哪一个国家的第一产业比率下降为零,其实我们谈到的从第一产业向第二、第三产业过渡只是指在社会发展的某个阶段,哪一种产业是领头产业,而不是取消另一产业。

资本流动是一枚硬币的两个方面,既有正面影响,也有负面影响。

正面影响表现在资本向利润高的部门流动,使得资本在这些产业迅速集中,劳动规模不断扩大,从而促进经济增长。比如我国 20 世纪 90 年代的电冰箱和彩电产业,当时政府打破过去长期垄断的局面,引入了竞争机制,生产冰箱、彩电的成本大幅下降,国内一下引入了上百条生产线,产品价格大幅下降,同时质量也大幅提高,当时出现几家在国际上也比较有竞争力的品牌,如长虹、新飞等一些品牌企业。

资本流动的负面影响也非常明显。

其一,资本趋利性决定它必然流向利润高的地方,如果国内经济乏力,缺乏投资机会,资本外流就成为一股潮流。

其二,资本的逐利还会使它脱离实体企业,进入高盈利的虚拟经济或者泡沫经济中。1998年的亚洲金融危机就是一个例子,其主要原因就是过度的资本投机加大了经济中的泡沫。

但是我们可以借助资本流动的负面影响,因势利导将其转化为推动我们经济体制改革的起点,将负面影响变为正效应。如我们对税收可以实行浮动制,经济形势好时,税率提高,经济形势萎靡实行低税率或者税收补贴,同样可以为企业创造有利的生存环境,这样才能防止资本外逃或者资本向虚拟经济流动。

第六章
结　语

　　生产效率问题一直以来是经济学一个古老的话题,学者对生产效率与资源配置问题的研究多如牛毛,但是不论西方学者或是马克思主义学者其研究都存在很大缺陷。但是正因为对此问题的研究乐此不疲,说明了该问题的重要性,我们哪怕做出一点点贡献也是值得庆贺的。

　　西方经济学在 20 世纪 20 年代"大萧条"前一致认定市场是配置资源的唯一方式。其政策主张是自由放任和国家不干预,市场机制能够通过自由调节促使社会生产达到最优均衡。这种自由放任的思想终于导致 1929—1933 年的整个资本主义世界经济危机的爆发。面对自由放任的市场经济形态下的生产过剩、经常性的失业、需求不足和通货膨胀等市场失灵问题无法解决,政府干预资源配置问题应运而生。主张政府干预政策的学者认为:市场机制配置资源具有自发性和盲目性,仅仅依靠市场来配置资源无法实现资源配置效率最大化,达不到帕累托最优;为了实现资源配置效率最大化就必须借助于政府干预。马克思在政治经济学中提出了产业要按比例协调发展的思想。马克思认为,只有两大部类之间及各自内部比例关系达到了平衡协调,社会资本再生产才能有序进行。这就要求把资源按一定的比例配置,才能保证各产业部门的产品正好满足本部门和其他部门的需要,使社会供给和需求达到平衡。当然,这就需要万能的政府。

我们的研究根据影响商品单位劳动价值量的价值技术弹性来研究生产效率从而造成资本流动而形成资源配置,市场为资本自由流动提供公正、公平的渠道。我们不期望有个万能的政府,政府的作用是对一些新兴的、高新技术产业提供合理的政策引导,鼓励企业家自主创新,特别要重视"企业家精神"。这也验证了西方经济学的市场为主、政府为辅的思想。

在假定完全竞争市场条件下,且不同商品之间的交换按照价值量相等原则进行,一国经济的价值总量等于劳动总量的基础上,当发生技术进步时,单位劳动价值量的变化取决于产品的价值技术弹性。当一种商品富有价值技术弹性时,随着技术进步,单位劳动价值量下降;当一种商品缺乏价值技术弹性时,单位劳动价值量上升;当一种商品具有单位价值技术弹性时,随着技术的进步,单位劳动价值量不变。并且一种商品的价值技术弹性不是永远不变的,而是随着社会的发展,它们在不断地变化,也就是说,缺乏价值技术弹性商品有可能随着社会的发展变为单位价值技术弹性或者富有价值技术弹性。本研究利用商品的价值技术弹性解释了资本在部类内流动及在部类间流动两种情况。资本在部类内部流动就是从生产一种商品的部门流入生产另一种商品部门的情况,直接利用商品的价值技术弹性就可解释。当资本在部类间流动时,由于每一部类有很多同类的商品,是一类商品的集合体,与一种商品价值技术弹性不同,这时我们采用部类内部所有商品价值技术弹性平均值,我们称之为平均价值技术弹性,其所得的结论与只有一种商品价值技术弹性相同。

由于资本对利润追求的短视性,部门短期利润最大化并不一定使资源达到最优化,或者实现长期利润最大化,这就需要政策引导资本克服短视行为。

如何利用单位劳动价值量决定的资源配置应用到我国产业结构调整上,即如何运用理论创新指导实践,是目前我们遇到的最大的现实问题。其实,包括传统马克思主义经济学,对于马克思主义现实化目前仍然是一个富有挑战性的远大目标,任重而道远,需要后来马克思主义学者坚持不懈地努力。就本著而言,在指导产业结构调整方面与西方经济学的结构偏离度有异曲同工之妙,下一步将在完善西方经济学的偏离度的基础上,借助合适的变量来检验本书的结论。

本著主要从价值和价格两个角度研究资本配置与收益的关系,以及资本收益与产业结构和经济增长的关系,同时也分析了资本收益的可能性规律。这里收益有合理性因素,同样也充满了很多不确定性,正如我们在相关资料的统计中看到的,目前资本收益率最终落在实体经济的比例相对于虚拟经济是如此少,是不是应该放弃实体经济,只发展虚拟经济?美国在原总统特朗普上台前一直是虚拟经济高度发达阶段,在金融创新方面更是国际金融的领头羊,但是目前美国经济一直萎靡不振。特朗普执政后推出很多政策吸引实体经济回归。现在的问题是,引起这种现象的原因是不是资源在实体经济配置不合理?如果是这样,我们能否通过金融体系的改进引导资本进入实体经济中配置薄弱的产业,从而使实体经济的收益与虚拟经济的收益差距变小,这也是将来要研究的问题。

随着中国综合国力的增强,在"一带一路"倡议下,中国将会有更多的资本向国外流动,同样国际上也会有更多的资本向中国流入,资本的自然本性被限制的障碍越来越小,比如《区域全面经济伙伴关系协定》(RCEP)的签署,该协议通过覆盖全球近半数人口和差不多全球总产出的三分之一,同时进一步加强了全球自由贸易的发展。

最后,引用皮凯蒂的一句话结尾:本著所有结论都略显牵强,应该受到质疑和争论。社会科学研究的目的不在于制造数学上的确定性,而在于形形色色的观点得到开放而民主的讨论。

参考文献

一、图书

[1]巴拉诺夫斯基.政治经济学原理[M].赵维良,桂力生,王湧泉,译.北京:商务印书馆,1989.

[2]巴兰.增长的政治经济学[M].蔡中兴,杨宇光,译.北京:商务印书馆,2000.

[3]白暴力.劳动价值理论热点问题[M].北京:经济科学出版社,2001.

[4]陈其人.世界体系论的否定与肯定:卢森堡《资本积累论》研究[M].北京:时事出版社,2004.

[5]程恩富,冯金华,马艳.现代政治经济学新编:简明版[M].上海:上海财经大学出版社,2011.

[6]程恩富,汪桂进,朱奎.劳动创造价值的规范与实证研究:新的活劳动价值一元论[M].上海:上海财经大学出版社,2005.

[7]程恩富,马艳.高级现代政治经济学:完整版[M].上海:上海财经大学出版社,2012.

[8]程兴华.中国工业投资结构论[M].上海:立信会计出版社,1999.

[9]蔡继明.从狭义价值论到广义价值论[M].上海:格致出版社,2010.

[10]戴玉林.投资结构论[M].北京:中国金融出版社,1995.

[11]郭克莎.中国:改革中的经济增长与结构变动[M].上海:生活·读书·新知三联书店上海分店,1993.

[12]高帆.交易效率,分工演进与二元经济结构转化[M].上海:上海三联书店,2007.

[13]凯恩斯.就业利息和货币通论[M].徐毓枬,译.北京:商务印书馆,1997.

[14]魁奈.魁奈经济著作选集[M].吴斐丹,张草纫,选译.北京:商务印书馆,2009.

[15]中共中央马克思恩格斯列宁斯大林著作编译局.列宁全集　第1卷[M].北京:人民出版社,1984.

[16]李昌宇.资源倾斜配置研究:中国产业结构转变过程[M].西安:陕西人民出版社,1994.

[17]厉无畏,王振.转变经济增长方式研究[M].上海:学林出版社,2006.

[18]林毅夫,蔡昉,李周.中国的奇迹:发展战略与经济改革[M].上海:格致出版社,1999.

[19]卢森堡.资本积累论[M].彭尘舜,吴纪先,译.北京:生活·读书·新知三联书店,1959.

[20]吕昌会.世界著名经济学难题:价值转形问题研究[M].北京:商务印书馆,2005.

[21]马克思.资本论[M].北京:人民出版社,2004.

[22]马克思,恩格斯.马克思恩格斯全集[M].中共中央马克思恩格斯列宁斯大

林著作编译局,编译.北京:人民出版社,2009.

[23]李嘉图.政治经济学及赋税原理[M].郭大力,王亚楠,译.北京:商务印书馆,2021.

[24]萨缪尔森.经济学[M].萧琛,主译.北京:商务印书馆,2013.

[25]斯蒂德曼.按照斯拉法思想研究马克思[M].吴剑敏,史晋川,译.北京:商务印书馆,1991.

[26]斯威齐.资本主义发展论:马克思主义政治经济学原理[M].陈观烈,秦亚男,译.北京:商务印书馆,1997.

[27]沈民鸣.二元价值转形[M].北京:中国人民大学出版社,2014.

[28]孙咏梅.资本效率理论与产业增长[M].北京:经济科学出版社,2007.

[29]中国电子信息产业发展研究院.中国产业结构调整蓝皮书(2012)[M].北京:中央文献出版社,2012.

[30]配第.政治算术[M].马妍,译,北京:中国社会科学出版社,2010.

[31]周振华.产业结构优化论[M].上海:上海人民出版社,1992.

[32]周小亮.市场配置资源的制度修正:引入制度变量下对新古典价格理论的再探讨[M].北京:经济科学出版社,1999.

[33]岳宏志,寇雅玲.马克思经理理论新论[M].北京:中国经济出版社,2008.

[34]晏志杰.劳动价值学说新探[M].北京:北京大学出版社,2001.

[35]朱钟棣.国外马克思主义经济学新探[M].上海:上海人民出版社,2007.

[36]孟捷.作为方法的中国特色社会主义政治经济学[M].上海:复旦大学出版社,2023.

[37]荣兆梓,陈旸.价值转形"C体系"[M].北京:社会科学文献出版社,2022.

二、期刊

[1]程恩富,张建刚.坚持公有制经济为主体与促进共同富裕[J].求是学刊,2013(1):62-67.

[2]丁堡骏.评斯拉法的价格理论[J].当代经济研究,2001(1):19-23.

[3]杜昌祚.社会总产值增长速度计量模型与两大部类联系平衡分析[J].数量经济技术经济研究,1985(7):49-58.

[4]冯金华.马克思的再生产理论和经济增长的性质[J].上海行政学院学报,2011(4):4-11.

[5]冯金华.一般均衡理论的价值基础[J].经济研究,2012(1):31-41.

[6]冯金华.劳动,价值和均衡价格[J].学习与探索,2016(5):86-93.

[7]冯金华.劳动价值论和资源最优配置[J].福建论坛(人文社会科学版),2016(5):5-12.

[8]冯金华.价值的决定:表现形式和客观基础[J].政治经济学报,2015,4(1):3-22.

[9]方竹兰.论政府占据资源配置主体地位的局限[J].学术界,2013(10):44-51.

[10]何练,麻彦春.论社会再生产和利润率平均化的理论衔接[J].当代经济研究,2014(12):12-20,97.

[11]侯为民.马克思再生产理论与西方经济增长理论的比较及对我国的启示[J].中国延安干部学院学报,2008(1):89-93.

[12]胡寄窗.社会必要劳动时间不存在两种含义[J].经济研究,1990,25(3):37-44.

[13]纪玉山,吴勇民.我国产业结构与经济增长关系之协整模型的建立与实现

[J].当代经济研究,2006(6):47-51,73.

[14]姜启渭.价值决定的社会必要劳动时间双重含义不必置疑:答王虎林先生
[J].学习与实践,2005(12):52-57.

[15]李定中.再论当代技术进步与生产资料优先增长:关于两大部类生产增长
速度对比关系研究方法的若干问题[J].河南大学学报(哲学社会科学
版),1985(3):24-33.

[16]李洪峰.如何正确理解生产资料优先增长规律[J].江淮论坛,1981(1):
107-110.

[17]李炳炎.商品价值量的决定规律新探-论社会必要劳动时间的四层含义
[J].经济学家,2010(10):5-12.

[18]李铁映.关于劳动价值论的读书笔记[J].中国社会科学,2003(1):25-
40,205.

[19]鲁品越.利润率下降规律下的资本高积累:《资本论》与《21世纪资本论》的
矛盾及其统一[J].财经研究,2015,41(1):87-95,106.

[20]孟捷,冯金华.非均衡与平均利润率的变化:一个马克思主义分析框架[J].
世界经济,2016,39(6):3-28.

[21]孟捷.马克思主义经济学范式中的生产方式与资源配置方式[J].教学与研
究,2000(6):22-29.

[22]莫秀蓉.生产资料优先增长的衍生基础、行进轨迹与反思[J].西南民族大
学学报(人文社科版),2016(4):142-145.

[23]马艳,严金强.马克思主义两部类经济增长关系模型探讨[J].财经研究,
2009,35(5):30-41.

[24] 石景云. 马克思社会再生产理论中的增长公式[J]. 中国社会科学, 1988
　　(2): 153-162.

[25] 汤在新. 劳动价值论是市场经济理论的基石[J]. 中国社会科学, 1994(6):
　　26-35.

[26] 徐春华. 危机后一般利润率下降规律的表现、国别差异和影响因素[J]. 世
　　界经济, 2016, 39(5): 3-28.

[27] 王元龙. 论马克思的资源配置理论[J]. 当代经济研究, 1995(2): 1-7.

[28] 王文, 孙早, 牛泽东. 产业政策、市场竞争与资源错配[J]. 经济学家, 2014
　　(9): 22-32.

[29] 魏民. 马克思的价值论体系与资源配置[J]. 江西社会科学, 1996(2):
　　17-21.

[30] 吴易风. 经济增长理论的历史辨析[J]. 学术月刊, 2003(2): 40-48.

[31] 杨承训, 承谕. 构建和完善"两手一脑"三元机制学说: 论资源配置、宏观调
　　控机制的科学化[J]. 社会科学, 2014(11): 24-31.

[32] 余永定. 马克思再生产数例的一般数学形式[J]. 数量经济技术经济研究,
　　1988(4): 8-13.

[33] 余斌. 生产资料优先增长与按比例配置资源[J]. 马克思主义研究, 2014
　　(6): 56-64.

[34] 颜鹏飞. 西方马克思主义学派关于资源配置机制的新探索: 论市场社会主
　　义[J]. 安徽大学学报(哲学社会科学版), 1995, 19(1): 3-8.

[35] 朱家桢. 生产资料优先增长是适用于社会主义经济的规律吗?[J]. 经济研
　　究, 1979(12): 44-51.

[36]朱奎.利润率的决定机制及其变动趋势研究:基于劳动价值论的新解释
[J].财经研究,2008(7):27-38.

[37]朱钟棣.国外学者对马克思扩大再生产理论的研究[J].上海财经大学学
报,2005(2):66-72.

[38]孙小雨.从利润实现视角解读金融不稳定假说:兼论后凯恩斯主义对明斯
基的批判[J].政治经济学评论,2022,13(5):202-224.

[39]冯金华.资本主义市场经济和生产过剩经济危机:基于马克思的两大部类
再生产理论[J].华南师范大学学报(社会科学版),2022(2):58-73,207.

[40]乔晓楠,张月莹.经济周期的跨国传递及其影响:一个政治经济学的视角
[J].中国经济问题,2020(4):3-22.

[41]陶为群.我国有对外贸易的社会再生产中的乘数加速数初探:基于两大部
类投入产出表的理论与实证分析[J].当代经济研究,2023(5):107-115.

[42] Albarracin J. Constant Returns and Uniform Profit Rates: Two False
Assumptions[J]. Marx, Ricardo, Sraffa. London: Verso, 1984:177-209.

[43]Arrow K J. Von Neumann and the existence theorem for general equilibrium
[J]. John von Neumann and modern economics, 1989:15-28.

[44]Burmeister E, Turnovsky S J. Capital deepening response in an economy with
heterogeneous capital goods[J]. The American Economic Review, 1972, 62
(5):842-853.

[45]Baumol W J. The transformation of values: What Marx 'really' meant (an inter-
pretation)[J]. Journal of Economic Literature, 1974, 12(1):51-62.

[46]Duménil G. Beyond the transformation riddle: a labor theory of value[J].

Science & Society,1983,47(4):427-450.

[47] Garegnani P. Value and distribution in the classical economists and Marx[J]. Oxford economic papers,1984,36(2):291-325.

[48] Laibman D. Value and the quest for the core of capitalism[J]. Review of Radical Political Economics,2002,34(2):159-178.

[49] Robinson R V, Kelley J. Class as conceived by Marx and Dahrendorf: effects on income inequality and politics in the United States and Great Britain[J]. American Sociological Review,1979,44(1):38-58.

[50] Samuelson P A. Understanding the Marxian notion of exploitation: a summary of the so-called transformation problem between Marxian values and competitive prices[J]. Journal of Economic Literature,1971,9(2):399-431.

[51] Samuelson P A. Wages and interest: a modern dissection of Marxian economic models[J]. The American Economic Review,1957,47(6):884-912.

三、学位论文

[1] 刘小瑜. 中国产业结构的投入产出分析[D]. 南昌:江西财经大学,2002.

[2] 刘赣州. 中国资本配置优化研究[D]. 长春:吉林大学,2004.

[3] 马海斌. 中国高新区产业集聚的社会资源配置问题研究[D]. 长春:吉林大学,2015.

[4] 彭文斌. 资本流动对区域经济差距的影响研究[D]. 上海:复旦大学,2008.

[5] 吴晓梅. 社会资本再生产理论中国化研究[D]. 甘肃:兰州大学,2013.

[6] 陈昊. 马克思主义经济学若干重要问题研究:基于两重必要劳动时间的新解释[D]. 上海:上海财经大学,2016.

附　录

建立在价值价格方程基础上的
复杂劳动还原问题研究[*]

孙多友

摘　要　复杂劳动还原问题一直以来都是劳动价值论中没有解决好的问题,而困惑于该问题的关键是如何解决复杂劳动在部门间还原。从马克思本人一直到后来的马克思主义学者如希法亭、鲁宾、森岛通夫和置盐信雄等研究都局限于部门内部复杂劳动还原,很少涉及部门之间或一般还原问题。李翀和孟捷、冯金华教授将市场交换纳入复杂劳动还原系数研究中,才提供复杂劳动在部门间还原问题研究的可能性。本文在以上学者研究进路上提出了单位劳动价值量模型,即复杂劳动还原系数模型。此模型一方面将教育培训纳入价值创造之中,同时给出分析复杂劳动还原系数在部门间还原分析一般方法,利用该模型还可以判断复杂劳动存在与否。由于市场实现价值中的供求关系是反映生产关系中的表面现象,单位劳动价值量表现为生产中的技术关系的内容,是与供

---

* 本文是国家社科基金项目"一般均衡价格与价值研究"(15BJL007)的阶段性成果。

求无关的客观变量。

关键词　复杂劳动还原　单位商品价值量　单位商品劳动量　单位劳动价值量

一、引言

复杂劳动产生是社会经济发展的常见现象,是经济增长的重要内容;同时也是一种生产的技术方式代替另一种方式的推动力(孟捷,2005),而复杂劳动还原为简单劳动问题则是关系到劳动价值论是否成立的重大的理论课题,具有重要的理论和实践意义。马克思在《资本论(第一卷)》和《马克思恩格斯全集(第二十六卷)》中有对复杂劳动的论述。但是其在关于复杂劳动还原为简单劳动问题的解释上过于简单含糊,并且马克思和恩格斯在认识上也存在分歧,这给了一些西方经济学家否定马克思的劳动价值论提供了理由,比如庞巴维克和萨缪尔森。甚至一部分马克思主义者如曼德尔、米克等也对马克思处理复杂劳动还原问题提出质疑,如米克认为马克思对复杂劳动向简单劳动还原问题的处理是有问题的。① 与此相反,另一部分马克思经济学家力图发展和完善复杂劳动还原问题,并且他们在该理论上也取得了一些新成果,如希法亭、鲁宾、森岛通夫和置盐信雄等,置盐信雄利用数理模型还原了希法亭的理论,推导出均衡状态下复杂劳动的还原系数。这些研究为推动马克思主义经济学创新性发展做出了巨大贡献。20 世纪末和 21 世纪初尽管对复杂劳动还原问题出现一度的

---

① 朱钟棣:《西方学者对马克思经济问题研究》,上海人民出版社,1991,第 42 页。

中断,但是并没有影响马克思主义经济学者对复杂劳动还原理论的持续研究和探索。但是以上学者等都囿于部门内部复杂劳动还原,很少涉及部门间复杂劳动还原问题。最近,孟捷、冯金华合作的《复杂劳动还原与产品的价值决定:理论和数理分析》(原载于 2017 年《经济研究》杂志第 2 期)一文把复杂劳动还原理论研究推向了一个新的研究高度。他们在遵循前人研究的基础上一方面把教育培训纳入价值创造过程中,作为可供社会分配的活劳动的一部分,其与熟练工人直接劳动看作同属一个统一的劳动过程的两个前后相继的阶段;另一方面将市场交换纳入复杂劳动还原理论之中,给出了复杂劳动还原系数模型,并且对复杂劳动还原系数进行了简单的经验探究。作者也许还没有注意到,其实他们已经步入复杂劳动在部门间还原的研究思想。当然,孟捷、冯金华模型本身有可能让读者产生一种误区:复杂劳动还原系数受市场供求关系的影响而成为一个缺乏客观性的主观变量。其实,他们在文章中也认为复杂劳动还原系数受价格的影响(孟捷、冯金华,2017)。基于以上研究,我们提出的单位劳动价值量(实际上就是复杂劳动还原系数)模型,试图解决以上可能存在的问题。此模型一方面给出了分析复杂劳动在部门间还原的一般方法,而非仅仅部门内部的转换;另一方面把教育培训直接创造价值"劳动"纳入部门劳动体系中,同时剔除了价格等供求因素的影响,得出其仅与生产技术系数等客观变量有关系的变量。仅此,可以看出复杂劳动还原系数的确是建立在劳动价值论基础上的客观变量。

二、复杂劳动还原的理论发展

（一）马克思对复杂劳动的理解

复杂劳动还原问题自提出起,就局限于部门内部讨论。马克思以前的亚当·斯密和李嘉图时期就提出了复杂劳动还原问题。亚当·斯密指出不同部门不同工种的劳动的复杂程度不同,复杂劳动是多倍的简单劳动;李嘉图认为商品的相对价值除了取决于劳动时间外,还取决于劳动的性质和劳动的复杂程度,这种复杂程度的差异同工资率的差异相关联,工资率高的劳动就是复杂劳动,反之就是简单劳动(陈孝兵等,2007)。暂且不论这些观点的局限性,亚当·斯密等首次承认存在复杂劳动,并把它和简单劳动一起作为创造价值的源泉,且可以创造更多的价值,这从起源上就把复杂劳动作为抽象劳动来对待。马克思在前人研究的基础上对复杂劳动做了进一步的发展,他在《资本论(第一卷)》第一篇商品和货币商品中谈到简单劳动和复杂劳动关系时写道:"……简单平均劳动本身虽然在不同的国家和不同的文化时代具有不同的性质,但在一定的社会里是一定的。比较复杂的劳动只是自乘的或不如说多倍的简单劳动,因此,少量的复杂劳动等于多量的简单劳动……各种劳动化为当作它们的计量单位的简单劳动的不同比例,是在生产者背后由社会过程决定的,因而在他们看来,似乎是由习惯确定的。"①马克思一方面强调复杂劳动是多倍的简单劳动,另一方面又指出这种还原是由社会过程决定的,是习惯决定的,似乎又是随意的,这给我们一种理解,马克思似乎并不想解决复杂劳动还原这个问题或者认

---

① 马克思:《资本论(第一卷)》,人民出版社,2004,第58页。

为不必要,比如,马克思说:"为了简便起见,我们以后把各种劳动力直接当作简单劳动力,这样就省去了简化的麻烦。"①"较高级劳动和简单劳动,熟练劳动和非熟练劳动之间的区别,有一部分是基于单纯的错觉,或者至少是基于早就不现实的、只是作为传统惯例而存在的区别;有一部分则是基于下面这样的事实:工人阶级的某些阶层处于更加无依无靠的地位,比别人更难于取得自己劳动力的价值。在这方面,偶然的情况起着很大的作用,以致这两种劳动会互换位置。例如,在一切资本主义生产发达的国家中,工人阶级的体质已经孱弱和相当衰竭,因此,一般说来,同很轻巧的细活相比,需要很多力气的粗活常常成为较高级劳动,而细活倒降为简单劳动。……另一方面,剪毛工人的劳动虽然体力消耗大,而且很不卫生,但仍被看作'简单'劳动。"②马克思这句话包含两层意思:一是复杂劳动与简单劳动的关系可以转换为两种劳动力之间的关系;二是复杂劳动与简单劳动本身也是相对的,可以互换。实际上,在马克思那个时代,即工人生活仅能维持温饱或者温饱线以下的情况下,把复杂劳动力作为简单劳动力来对待(两者互换),有其合理性的一面,但是在资本主义发展到高级阶段,出现接受教育培训的高级劳动力时,仍然把复杂劳动当作简单劳动对待,显然是不够准确的;另外马克思所谓的复杂劳动还原主要是指在生产同一种产品的内部还原,对于不同部门复杂劳动还原问题并没有提到。在涉及复杂劳动的价值决定时,马克思说:"比社会的平均劳动较高级、较复杂的劳动,是这样一种劳动力的表现,这种劳动力比普通劳动力需要较高的教育费用,它的生产要花费较多

---

① 马克思:《资本论(第一卷)》,人民出版社,2004,第58页。
② 马克思:《资本论(第一卷)》,人民出版社,2004,第230页脚注(18)。

的劳动时间,因此它具有较高的价值。"①"在每一个价值形成过程中,较高级的劳动总是要化为社会的平均劳动,例如一日较高级的劳动化为 X 日的简单劳动。"②马克思这里已经认识到复杂劳动价值决定与教育培训有关系,但并没有深入研究教育培训如何表现在劳动本身上,而只是简单地比较相当于几个简单劳动,此种粗糙的处理方式显得比较随意,不利于问题的解决。后期提到的可以看作是对复杂劳动的经验研究,也只是基于以上思想:这种比例属于对工资问题的说明,归根结底就是劳动能力本身的价值差别,即劳动能力生产费用(由劳动时间)的差别。这里实际上还存在把劳动力的形成和实现混为一谈。不过,马克思下面这句话对于解决复杂劳动的价值决定问题很具有启发性,马克思说:"在考察棉纱的价值,即生产棉纱所需要的劳动时间时,可以把各种不同的在时间和空间上分开的特殊劳动过程,即生产棉花本身和生产所消耗的纱锭量所必须完成的劳动过程,以及最后用棉花和纱锭生产棉纱所必须完成的劳动过程,看成是同一个劳动过程的前后相继的不同阶段。"③类似于棉花和纱锭,我们可以把教育培训与接受培训人员在生产过程中的直接劳动也看作是同一个生产过程的前后相继的不同阶段。不过,马克思又指出,这必须具备两个条件:棉花和纱锭必须实际上用来生产使用价值;要假定所用的劳动时间只是一定社会生产条件下的必要劳动时间。实际上,教育培训过程不仅生产使用价值(高级人才),而且还创造价值;教育培训活动与直接生产过程一样,其价值也是由生产教育产品(高级人才)的必要劳动时间决定。后期对复杂劳动的处理将按

---

① 《马克思恩格斯选集(第一卷)》,人民出版社,2004,第230页。
② 《马克思恩格斯选集(第一卷)》,人民出版社,2004,第231页。
③ 马克思:《资本论(第一卷)》,人民出版社,2004,第219页。

照这个进路,将教育培训作为活劳动参与价值创造之中。

(二)后来的马克思主义学者对复杂劳动还原的发展

由于马克思对部门内部复杂劳动还原问题提出解决方案过于粗糙模糊甚至自相矛盾,致使对复杂劳动还原问题的争议一直就没有停止。尽管很多马克思主义学者对此从不同角度进行辩论,但是由于复杂劳动研究的理论贫乏,致使这些回击显得苍白无力。而要真正消除部分学者对该问题的怀疑,必须对复杂劳动还原理论进行创新深化,在这方面做得比较突出的是奥地利马克思主义代表人物希法亭。他对马克思复杂劳动还原理论发展做出了重大的创新,希法亭的理论是在与庞巴维克争论中发展起来的。希法亭意识到在争论中需要解决好两个问题:一是必须满足马克思提出的简单劳动与复杂劳动的剩余价值率或剥削率相同,二是避免利用工资来比较两者之间的关系,否则就进入庞巴维克所说的"循环论证"(商品的价格由价值来决定,而价值相互间的折算比例又这样由价格来决定,这是一种毫无意义的循环论证)。为此,希法亭将复杂劳动所创造的价值分成两部分:一部分是作为简单劳动所创造的价值,另一部分是作为教育培训所转移的前期物化在劳动力的价值,即间接投入,且后一部分比前一部分创造的价值要大得多,其原因是教育培训本身也是复杂劳动。这种思路可以摆脱劳动对工资的依赖和庞巴维克所批评的循环论证(朱钟棣,1989)。但是"这一做法模糊了,甚至有违于马克思对人类劳动力和生产资料在价值增值过程的区别"。将以上观点模型化的是置盐信雄和森岛通夫,下面简单对两位学者的成果做一简单梳理,即利用工资率比较的森岛通夫模型和把教育培训作为物化劳动的置盐信雄模型。

森岛通夫论证如下:设全社会有 $n+1$ 种劳动,其中前 n 种是复杂劳动,第

$n+1$ 种为简单劳动,生产 h 种商品,a_{ij} 是生产一单位商品 i 所需的商品 j 投入($j=$ $1,2,\cdots,h$),l_{ik} 表示为生产一单位商品 i 所需的劳动 k 的投入($k=1,2,\cdots,n+1$)。这里,

$$A = \begin{bmatrix} a_{11} & \cdots & a_{1h} \\ \vdots & \vdots & \vdots \\ a_{h1} & \cdots & a_{hh} \end{bmatrix}$$

$$B = \begin{bmatrix} l_{11} & \cdots & l_{1h} \\ \vdots & \vdots & \vdots \\ l_{h1} & \cdots & l_{hh} \end{bmatrix}$$

$$L = (l_{n+1,1} \cdots l_{n+1,h})$$

假定 $\boldsymbol{\Lambda} = (\lambda_1, \cdots, \lambda_h)$ 为商品价值的行向量,$\boldsymbol{\Theta} = (\theta_1, \cdots, \theta_n)$ 为前 n 种复杂劳动还原成第 $n+1$ 种简单劳动的还原系数的行向量,则有

$$\boldsymbol{\Lambda} = \boldsymbol{\Lambda A} + \boldsymbol{\Theta R} + \boldsymbol{L} \tag{1}$$

$\boldsymbol{\Lambda A}$ 为商品价值生产中物化劳动投入,$\boldsymbol{\Theta R}$ 为复杂活劳动投入,$\boldsymbol{L}$ 为简单活劳动的投入。为了使上式中两个未知数 $\boldsymbol{\Lambda}$ 和 $\boldsymbol{\Theta}$ 可解,再设 q_{ij} 为生产一单位复杂劳动 $i(i=1,\cdots,n)$ 所需投入商品 $j(j=1,\cdots,h)$,m_{jk} 为生产一单位复杂劳动 j 所需的劳动 $k(k=1,\cdots,n+1)$,而且,

$$Q = \begin{bmatrix} q_{11} & \cdots & q_{1n} \\ \vdots & \vdots & \vdots \\ q_{n1} & \cdots & q_{nn} \end{bmatrix}, T = \begin{bmatrix} m_{11} & \cdots & m_{1n} \\ \vdots & \vdots & \vdots \\ m_{n1} & \cdots & m_{nn} \end{bmatrix}, m = (m_{1,n+1}, \cdots, m_{n,n+1})$$

则有

$$\varTheta = \varLambda Q + \varTheta T + m \tag{2}$$

m 表示简单劳动投入,联立方程式(1)和方程式(2)可以解出 $\varTheta$ 和 $\varLambda$。但是森岛通夫认为这样解出的还原系数,并不能保证剩余价值率到处都一样,而马克思在《资本论》中暗示简单劳动和复杂劳动剩余价值率相同,而要保证简单劳动和复杂劳动剩余价值率一致,就只能把工资作为劳动价值的表现形式,一旦利用工资比例来研究还原系数,就意味着供求决定商品价值量,这和马克思的商品价值是由商品生产所需的活劳动创造的劳动价值论相违背。因此,森岛通夫认为劳动价值论是错误的。其实马克思已经提醒读者注意:"这里指的不是工人得到的一个工作日的工资或价值,而是指工人的一个工作日物化成的商品的价值。在我们叙述的这个阶段,工资这个范畴根本还不存在。"①"新解释"的提出可以为解决这种价格与价值关系的困惑提供理论依据,后面我们还会运用到对"新解释"的改进。实际上,尽管工资以劳动力价值为基础,还取决于劳动力市场的竞争状况和工人与资本家力量的对比;退一步说,即使工资能够代表劳动力的价值,劳动力的价值也不等于劳动创造的价值,这也是森岛通夫复杂劳动还原模型存在的致命缺憾。日本另一位马克思主义经济学家置盐信雄按技术所物化的全部间接劳动来进行还原的方法研究复杂劳动还原系数,这种方法依照希法亭的思路,体现了教育与智力投资在国民经济中的深远影响。置盐信雄模型如下:

---

① 中共中央马克思恩格斯列宁斯大林著作编译局:《马克思恩格斯全集(第二十三卷)》,人民出版社,1972,第58页注释。

$$\lambda_i = \sum_{j=1}^{n} a_{ij}\lambda_j + \sum_{k=1}^{l} r_{ik}h_k, i = 1, \cdots, n \qquad (3)$$

$$h_1 = 1 \qquad (4)$$

$$\Lambda_k h_k = \Lambda_k + \sum_{i=1}^{n} H_{ki}\lambda_i + \sum_{j=1}^{l} T_{kj}h_j, k = 2, \cdots, l \qquad (5)$$

其中，λ_i 为第 $i(i=1,\cdots,n)$ 种产品的单位价值量，生产一单位商品 i 需要花费商品 $j(j=1,\cdots,n)$ 的数量为 a_{ij}，花费劳动 $k(k=1,\cdots,l)$ 的数量为 r_{ik}，设第 1 种劳动为简单劳动，第 $k(k=2,\cdots,n)$ 为复杂劳动，类似方程式（3），方程式（5）是复杂劳动的形成过程。Λ_k 为第 $k(k=2,\cdots,l)$ 复杂劳动劳动量，H_{ki} 和 T_{kj} 分别为生产第 k 复杂劳动耗费的商品 $i(i=1,\cdots,n)$ 量和劳动 $j(j=1,\cdots,l)$ 的量。

比较置盐信雄与森岛通夫模型可以看出，其差别在理论来源上，模型本身都是在投入产出基础上建立的方程，都是从价值形成角度来研究复杂劳动还原的。两模型的最大缺陷是认为复杂劳动还原就是复杂劳动相当于某一数倍的简单劳动，这样就存在一个问题，必须事先设定某一种劳动为简单劳动，如何确定哪一种劳动为简单劳动？上述两个模型对于这一问题上就存在随意性，森岛通夫假定第 $n+1$ 种劳动为简单劳动，而置盐信雄假定第一种劳动为简单劳动。实际在经验上只有同部门内才可以利用这一方式确定复杂劳动还原系数，对于不同部门，由于简单劳动标准不同，无法实现统一的一般还原系数。对于整个社会来说（包括部门内和部门间）复杂劳动还原系数只能利用投入劳动创造价值和实现价值的结合来确定。这里就涉及第二种含义的社会必要劳动时间理论。由于第二种含义的社会必要劳动时间的价值创造和实现是在市场交换中实现的，我们自然会想到复杂劳动还原问题也应该通过市场交换来实现。国内第一个将复杂劳动还原问题置于价值生产过程和交换过程结合来研究的是李翀(1987),他认为,复杂劳动还原系数具有在生产过程中形成但通过交换过程实现的特点,应该将生产过程和交换过程结合起来确定劳动还原系数;孟捷、冯金华(2017)也指出在讨论复杂劳动还原时应该考虑到交换的作用。为此,孟捷、冯金华对置盐信雄模型进行了两点改进:一是把教育培训作为活劳动参与价值创造,而不是类似于物化劳动的价值转移;二是讨论复杂劳动还原系数时,将市场交易加入价值创造之中,即将价值创造和价值实现相结合。无疑,这两点的改进既完善了马克思的人力资本理论,同时也将复杂劳动还原理论从部门内创造价值到与市场交换实现价值的结合,从而使复杂劳动还原理论上升到一个新的研究层次。该理论在经验上可以为政府加大对教育投资提供理论依据,也为困惑学术多年的"成正比理论"给出合理的解释。这也与马克思的两种必要劳动时间决定价值的理论结合在一起了。孟捷、冯金华利用价值规律的两个前提条件(等价交换和社会必要劳动时间决定价值量)推出的价值实现方程与将置盐信雄的方程式(3)和方程式(4)结合设计的价值形成方程结合得出在静态和动态条件下还原系数,并且利用还原系数方程确定在经验中如何判定一个部门或者企业是否存在复杂劳动还原。孟捷、冯金华模型存在两点值得商榷的地方:第一,在其模型的价值形成方程中为了满足(MELT)条件(某一时期以市场价格度量的去除成本以外的增加值与生产性的活劳动的比率),单位价值量仅限投入的活劳动所创造的价值,排除了不变资本的价值转移和折旧所创造的价值,而价值实现方程是在市场交易中表现的,它既包括活劳动创造的价值也包括物化劳动价值,这样就存在形成价值的单位价值量与实现价值的单位价值量内容不一致的情况,尽管我们可以假定后者不存在不变资本,但是不具有一般性。实际上,在经验中也很难完全区分哪些价值是物化劳动转移的,哪些是活劳动创造的,尤其是加入教育培训后。第二,关于复杂劳动还原系数与价格之间的关系,即复杂劳动还原系数是否受市场供求关系的影响,由于市场实现价值方程中的分子、分母价格转化某一种价格倍数,可以约去价值,从而为与价格无关的客观变量。基于以上两点,我们提出了单位劳动价值量(实际上就是复杂劳动还原系数)的模型,该模型可以弥补以上两点不足。其实,正如李翀所言,复杂劳动化为简单劳动是各类商品的价值量以共同的标准衡量基础,而这个基础就是一单位劳动的价值量。

三、单位劳动价值量的建立

由于单位劳动价值量是由单位商品价值量(实现价值)与单位商品劳动量(形成价值)相比得到,我们将首先对单位商品价值量和单位商品劳动量进行讨论。

马克思在《资本论》中给出两种社会必要劳动时间决定商品的价值:第一种社会必要劳动时间形成的商品价值是由生产的技术结构条件决定的,或者是"技术平均条件决定的",马克思指出,商品的市场价值"一方面,应看作一个部门所生产的商品的平均价值,另一方面,又应看作(是)在这个部门的平均生产条件下生产的并构成该部门的产品很大数量的那种商品的个别价值"。这可以看作马克思给出的商品价值形成的决定因素。随后马克思又说,要使一个商品"按照它包含的社会必要劳动来出售,耗费在这种商品总量上的社会劳动总量,就必须同这种商品的社会需要的量相适应,即同有支付能力的社会需要的量相适应",我们把这看作马克思价值实现的决定因素,也就是说商品的价值来自市场供给及有购买力的需求共同作用下的总劳动量的一个分配,这也是价值规律的内涵。根据价值规律以上含义可以将其模型化,为了便于理解,我们首先从最简单的物物交换开始。假设一单位的商品 1 可以交换 δ 单位的商品 2,δ 可以取任意数,用公式表示为

$$\lambda_1 = \delta\lambda_2 \tag{6}$$

按照等价交换原则,上式表示为商品 1 的单位价值量相当于 δ 单位的商品 2 的单位价值量,两者相等的是无差别的人类劳动。由于物与物交换只发生在商品交换的早期,在发达的当代市场经济中,已不存在早期的物与物交换的现象,取而代之的是物与货币的交换,为了符合实际,我们把商品 2 换为货币(或者是纸币),将式(6)一般化为

$$\lambda_i = p_i\lambda_g \tag{7}$$

其中 λ_i 表示商品 $i(i=1,2,\cdots,n)$ 的单位价值量,λ_g 表示一单位货币所代表的价值量,p_i 表示一单位的商品 i 所能交换到的货币数量,实际上就是商品 i 的价格。上式整体表示为一单位商品 i 的价值量等于它所交换的货币代表的价值量,如果将方程两边同时乘以商品 i 的产量,生产商品 i 的部门总价值,则

$$\lambda_i q_i = p_i q_i \lambda_g \tag{8}$$

在方程式(8)中,等号左边是全部商品 i 的价值总量,右边 $p_i q_i$ 是全部商品 i 的价格总量,这时我们仍然可以得出部门总价值等于它交换到的货币所代表的总价值量。需要注意的,按照两种含义的社会必要劳动决定的价值的含义,这里的总价值是表示市场上实现的价值,不同于我们在实际生产中所花费的总劳动价值即形成价值。一般来说,一种商品的形成价值与实现价值是不等的,为什么这样说呢,如果形成价值与实现价值相等,那就表示我们花费的时间越

长,其价值越大,也就意味着一个人越懒越拖沓,其创造的价值越大,这是马克思所严厉批评的。将社会所有商品的价值量相加得到

$$\sum_{i=1}^{n} \lambda_i q_i = \sum_{i=1}^{n} p_i q_i \lambda_g \tag{9}$$

由于在一国之内单位货币所代表的价值量在同一时刻是固定的,所有的 λ_g 相等,因此将上式进行重新整理,得

$$\lambda_g = \frac{\sum_{i=1}^{n} \lambda_i q_i}{\sum_{i=1}^{n} p_i q_i} \tag{10}$$

将式(10)代入式(7)得到

$$\lambda_i = \frac{p_i}{\sum_{i=1}^{n} p_i q_i} \sum_{i=1}^{n} \lambda_i q_i \tag{11}$$

而根据价值规律的第二个条件,价值是由社会必要劳动时间决定的,对于整个社会来说社会所有商品的价值量之和等于总的劳动量之和,则方程式(11)又可变为

$$\lambda_i = \frac{p_i}{\sum_{i=1}^{n} p_i q_i} L \tag{12}$$

L 表示整个社会生产所有商品所花费的劳动量(假定不存在国际贸易)。方程式(12)就是我们研究的冯金华方程,即商品 i 的社会实现价值量,$\sum_{i=1}^{n} p_i q_i$ 表示社会总产品的价格总量,方程右边的分式表示社会总劳动对商品 i 的分配比例,整个方程的表达含义为任意一种商品的单位价值量为社会总劳动对该种

商品的一个分配,分配的比例取决于此种商品的价格与社会总价格的比例。这

正如马克思所说:不但在每个商品上只使用必要的劳动时间,而且在社会总劳

动中,也只把必要的比例量用在不同种类商品上。这里的价值量由于是在商品

交换基础上形成的,我们称为实现价值量。那么创造价值方程即形成价值如何

建立呢?

　　一般而言,对于一种产品生产来说,其投入的实际劳动时间(总劳动时间,

包括物化劳动和活劳动)除了社会必要劳动时间外,还有私人劳动时间。这里

社会必要劳动时间即马克思提的所谓第一种含义的社会必要劳动时间:在现有

的社会正常的生产条件下,在社会平均的熟练程度和劳动强度下制造某种使用

价值所需要的劳动和时间;而私人劳动时间的大小取决于技术因素与劳动者素

质,这两方面都来自教育培训的程度,教育培训程度高,私人劳动时间相对小,

同样,教育培训程度低,私人劳动时间相对大,因此,私人劳动时间是教育培训

时间的反函数。一般来说实际劳动形成的价值与第二种含义的社会必要劳动

时间实现的价值是不相等的,因为实际劳动的价值中包含有教育培训(即私人

劳动)创造的价值,这是资本家追逐利润的结果,当然也是激励资本家创新的动

力。基于以上讨论,我们建立商品在生产过程中形成的价值量,即创造的价值

量,单位商品劳动量:

$$\varepsilon_i = \frac{l_i}{q_i} \tag{13}$$

　　ε_i 表示某一行业商品 i 的单位劳动量,q_i 为一定时间内投入实际劳动的产

出量(实际劳动量相当于部门内社会必要量),l_i 表示实际投入的劳动量,包括

社会必要劳动量和私人劳动量,即 $l_i = m_i + n_i(t_i)$,其中 m_i 与 $n_i(t_i)$ 分别表示必要

劳动时间和私人劳动时间,而私人劳动时间是教育培训时间 t_i 的函数。

教育培训与投入的私人劳动成反比很好理解,道理很简单,通过教育培训可以增加工人工作的熟练程度,从而提高劳动生产力。我们可以通过劳动生产力表达式很清晰地看出来。劳动生产力 α 可以表示为 $\alpha = \dfrac{q_i}{l_i}$,在产量不变的条件下,劳动生产力的提高表现为私人劳动时间缩短。马克思将生产力表述为劳动生产力是由多种情况决定的,其中包括工人的平均熟练程度、科学发展水平和在工艺上应用的程度,生产过程的社会结合,生产资料的规模和效能,以及自然条件。而技术水平、工人的熟练程度等主要来自教育培训。也就是说通过教育培训提高生产力,从而使私人劳动时间减小。

将市场上实现的价值与部门内单位商品实际劳动量相比,就得到我们的模型,单位劳动价值量:

$$\mu_i = \frac{\lambda_i}{\varepsilon_i} \tag{14}$$

其含义是表示每一单位实际劳动所实现的价值量,或者说每一单位实际劳动所创造或形成的社会必要劳动量。社会必要劳动量是在社会平均生产条件下的简单劳动,实际劳动创造的社会必要劳动大小决定是否存在复杂劳动,实际劳动与实现的社会劳动量的差别是因为不同部门或者企业私人劳动教育培训或者私人劳动的差别,其与社会必要劳动比值就是复杂劳动还原系数。由于单位商品劳动量是在部门内形成商品的价值,而单位商品价值量是在所有部门之间通过市场交换实现了价值,并且不管部门内还是部门间,价值都体现为无差别的劳动,两者可以比较。因此,这里的复杂劳动还原系数不仅可以确定同部门复杂劳动的还原,更重要的是它表示了不同部门之间是否存在复杂劳动还原及其还原系数大小的问题,而不同部门复杂劳动还原是建立在冯金华的价值价格方程基础上的,因此冯金华方程把复杂劳动还原从部门内部比较扩展到部门间的比较,是复杂劳动还原的重大理论创新。

四、对复杂劳动还原系数的分析

接下来,我们将深入讨论单位劳动价值量即复杂劳动还原系数的影响因素。将式(12)、式(13)分别代入式(14),得

$$\mu_i = \frac{p_i \Big/ \sum\limits_{i=1}^{n} p_i q_i}{l_i / q_i} L$$

重新整理,得

$$\mu_i = \frac{p_i q_i / l_i}{\sum\limits_{i=1}^{n} p_i q_i / L}$$

观察上述方程可以看出,等号右边分式中,分子表示生产商品 i 的部门投入的单位实际劳动的价格,分母表示整个社会中平均劳动的价格,两者比值反映部门 i 实现价值与社会平均实现价值的倍数关系,由于部门 i 加入了教育培训,这个倍数就是复杂劳动还原系数。对于上述方程中的分子和分母除了单位劳动价格这个规定外,西方"新解释"学派又把它规定为"MELT",即"劳动时间的货币表现":分子表示部门或企业内部的"MELT",分母表示社会平均"MELT",而影响复杂劳动还原系数的是这两种"MELT"的比率。当然,这里的"MELT"与孟捷、冯金华模型中的"MELT"存在差异:他们模型中的分子和分母分别是部门

和社会投入活劳动的净产品价格,不包括物化劳动的中间消耗价值,这也使其复杂劳动还原模型不具一般性。同时,我们把教育培训活动以生产力提高形式给出,也可以看出教育培训在形成复杂劳动过程中的重要作用。我们可以很清楚地看出,当两种劳动的货币表现不变时,其还原系数也不会发生变化。

在经验研究中,复杂劳动还原系数方程也为我们判定部门或者企业是否存在复杂劳动提供依据。由于分子为实际劳动的实现价格(或货币表现),分母为社会平均劳动的实现价格(或货币表现),当

$$\frac{p_i q_i}{l_i} > \frac{\sum_{i=1}^{n} p_i q_i}{L}$$

时,即 $\mu_i > 1$,这里的价格表示为均衡价格,由于价格是价值的货币表现,因此上式意味着商品 i 的部门在存在教育培训的条件下,此时实际劳动的实现价格大于社会平均劳动实现价格,或者说实际劳动的价值大于社会平均劳动的价值,即该部门的单位劳动价值量大于 1,这时生产商品 i 的部门出现了复杂劳动,这个价值的增量来自教育培训的私人劳动。当

$$\frac{p_i q_i}{l_i} = \frac{\sum_{i=1}^{n} p_i q_i}{L}$$

时,即 $\mu_i = 1$,部门 i 的实际劳动的价值与社会平均劳动的价值相等,这时不存在复杂劳动还原,也就是说该部门的教育培训只是维持正常生产条件下的产品生产。私人劳动的价值相当于零。这种情况一般出现在商品经济时期,马克思生活的时代教育培训活动就是维持正常劳动力的社会必要劳动。我们同样可以推出在小于 1 的情况下,即

$$\frac{p_i q_i}{l_i} < \frac{\sum\limits_{i=1}^{n} p_i q_i}{L}$$

这时该部门的劳动力可能实际上是落后于社会平均劳动力的,即实际劳动价值小于社会平均劳动价值,而社会表现为社会平均劳动价值,在完全竞争条件下,该部门将在亏损状态下生产。这种情况在什么时候会出现呢?比如现在一些国家的农业生产就是一个很好的例子。由于一些国家经济发展不平衡,农业现代化技术远远落后于社会平均生产技术,而其之所以还在这些国家存在,是因为政府对农业部门的价格保护政策,即通过强制措施使其他部门的价值向农业部门转移。

对于以上研究的复杂劳动还原系数,我们可以通过一个简单的例子说明。假设有商品 A,其部门内单位劳动的价格为 6 元,而整个社会平均劳动的价格为 4 元,则复杂劳动还原系数为 6/4=1.5,则该部门有复杂劳动存在,且其还原系数为 1.5。

五、复杂劳动还原系数与供求关系

由于复杂劳动还原系数方程中出现了价格变量,有可能让读者感觉复杂劳动还原系数不是一个客观变量,而是受价格等与市场供求有关系主观变量。孟捷、冯金华(2017)也提道:"个别部门的 MELT 之所以大于全社会平均的 MELT,可能源于一些与复杂劳动还原和劳动生产率进步无关的原因。如供求因素的变化、市场势力的大小、资本有机构成的改变等等,都可能是影响部门 MELT 变动的原因……当假定其他条件不变时……p_i 的增长,可以导致部门 MELT 的改变以及复杂劳动还原系数的提高。"作者这里似乎忽略了还原系数分子分母都存在价格变量。现在我们回到单位劳动价值量模型本身,由于这里分母单位商品劳动量与价格没有关系,只是在分子中实现价值出现了价格向量,冯金华(2015)分别证明了两部类经济与多部门经济实现价值决定的客观基础,即对于价值价格方程:

$$\lambda_i = \frac{p_i}{\sum\limits_{i=1}^{n} p_i q_i} L$$

在两部类经济条件下,最终可以化简为

$$\lambda_1 = \frac{a_{11}}{a_{12} q_1 + (\beta - a_{11}) q_2} L$$

$$\lambda_2 = \frac{\beta - a_{11}}{a_{12} q_1 + (\beta - a_{11}) q_2} L$$

其中,

$$\beta = \frac{a_{11} + a_{22} + \sqrt{(a_{11} + a_{22})^2 - 4(a_{11} a_{22} - a_{12} a_{21})}}{2}$$

上式中 $a_{ij}(i,j=1,2)$ 表示不同部门的消耗系数,L 为劳动总量,$q_i(i=1,2)$ 代表不同商品的数量,可以看出,这时候的单位价值实现量与价格因素无关了,而完全取决于生产中的实际因素。

同样,对于多部门经济,得出实现价值量为

$$\lambda_i = \frac{\Delta_i}{\sum\limits_{i=1}^{n} \Delta_i q_i} L$$

$$\Delta_i \text{ 是用单位列向量} \begin{bmatrix} a_{1n} \\ a_{2n} \\ \vdots \\ a_{n-i,n} \end{bmatrix} \text{替换行列式} \begin{vmatrix} \beta-a_{11} & -a_{12} & \cdots & -a_{1,n-1} \\ -a_{21} & \beta-a_{22} & \cdots & -a_{2,n-1} \\ \vdots & \vdots & \vdots & \vdots \\ -a_{n-1,1} & -a_{n-1,2} & \cdots & \beta-a_{n-1,n-1} \end{vmatrix} \text{中}$$

第 i 列向量所形成的行列式,由于 $a_{ij}(i,j=1,2,\cdots,n)$ 表示生产一单位产品需要其他产品的消耗系数,β 是消耗系数的线性组合,Δ_i 的影响因素只有经济体系中的消耗系数和广义消耗系数,所有任意一种商品的单位价值实现量只取决于经济体系中的消耗系数和广义消耗系数,即技术系数。那么它与这些技术系数的关系可以利用单位价值量对技术系数求导得出,发现其与产品的投入价值技术弹性有关系(孙多友,2017)。

一旦冯金华方程(价值价格方程)中的价格消去,这样在还原系数中只剩下生产技术因素和教育培训等客观因素的影响,这时我们可以看出还原系数与价格的关系只是表象,实际上它是与供求无关的客观变量。而之所以存在价格变量是由交换的表象决定的,而交换的实质是由生产的发展和结构决定的,马克思说:"交换的深度、广度和方式都是由生产的发展和结构决定的。……交换就其一切要素来说,或者是直接包含在生产之中,或者是由生产决定。"由此可见,对于市场供求因素对复杂劳动还原系数的影响只是表面的,隐藏在这种表面关系的后面则是牢固的"生产关系",是生产中的"技术关系"。

实际上我们也可以脱离生产价格理论抽象地理解作为表现形式的市场价格的作用。因为复杂劳动要还原为简单劳动必须通过量上表示,如何在量上表示呢,首先要把各种不同性质劳动的具体形式撇开,这样就是相同性质的抽象劳动,只有把各种劳动还原为相同性质的抽象劳动,才能进行量的比较,才能阐明具有不同发展程度的劳动力的消费,即简单劳动和复杂劳动的区别,而不同发展程度劳动力的消费大小是通过市场价格来体现的。

六、结论

仔细梳理总结一下,其实对于复杂劳动还原问题,目前政治经济学已达成的基本共识是复杂程度不同的劳动都是创造价值的劳动,复杂劳动是多倍的简单劳动;在同一时间内,复杂劳动创造的价值比简单劳动创造的价值大,而这仅限于一个部门内部;对于不同部门复杂劳动还原问题马克思主义经济学家(包括马克思和恩格斯本人)很少提到。我们在李翀(1987),孟捷、冯金华(2017)研究进路基础上,提出了单位劳动价值量。该模型一方面沿着上述三位学者的思想把价值创造和价值实现(交换)纳入复杂劳动还原系数讨论之中,因为只有借助市场交换才能研究不同部门的复杂劳动还原的一般方法,另一方面遵循个别劳动化为社会必要劳动是决定同类商品价值量的过程,复杂劳动化为简单劳动则是各类商品的价值量以社会平均必要劳动时间为基础,推出复杂劳动还原系数为实际劳动的货币表现与社会平均劳动的货币表现的比率,并且,只有这个比率大于1时才会出现复杂劳动还原。复杂劳动还原系数尽管表面上与价格的变化有关系,其实际上是由技术进步决定的,且复杂劳动还原只能通过技术的变现得以表现和实现。

参考文献

[1]冯金华:《劳动、价值和效率》,《当代经济研究》2016年第1期。

[2]冯金华:《价值的决定:表现形式和客观基础》,《政治经济学报》2015年

第 1 期。

[3]冯金华：《社会总劳动量的分配和价值量的决定》，《经济评论》2013 年第 6 期。

[4]李翀：《复杂劳动化简之管见》，《马克思主义研究》1987 年第 3 期。

[5]马克思：《资本论（第 3 卷）》，人民出版社 2004 年版。

[6]马克思、恩格斯：《马克思恩格斯全集》，人民出版社 1980 年版。

[7]孟捷、冯金华：《复杂劳动还原与产品的价值决定：理论和数理的分析》，《经济研究》2017 年第 2 期。

[8]孟捷：《复杂劳动还原与马克思主义内生增长理论》，《世界经济》2017 年第 5 期。

[9]孙多友：《一般利润率变化趋势再讨论》，《学习与探索》2017 年第 9 期。

[10]朱钟棣：《劳动价值论中一个并未得到充分论述的问题——应当如何把复杂劳动还原成简单劳动》，《财经研究》1989 年第 4 期。

[11]Bohm–Bawerk E V, *Karl Marx and the close of his system: A criticism* (London: T. Fisher Unwin, 1898).

[12]Duménil G, "Beyond the transformation riddle: a labor theory of value", *Science & Society*, No. 4(1983): 427—450.

[13]Morishima M, *Marx's economics: A dual theory of value and growth* (London: CUP Archive, 1973).

[14]Rowthorn B, *Capitalism, conflict and inflation* (London: Lawrence & Wishart, 1980).

[15]Samuelson P A, "Understanding the Marxian notion of exploitation: a

summary of the so – called transformation problem between Marxian values and competitive prices", *Journal of Economic Literature*, vol. 9, No. 2(1971): 399—431.

——载于《政治经济学报》2018 年第 1 期